페이지
터너
page turner

페이지 터너

펴낸날 2025년 9월 15일

지은이 달빛문학회
펴낸이 주계수 | **편집책임** 이슬기 | **꾸민이** 허유진

펴낸곳 밥북 | **출판등록** 제 2014-000085 호
주소 서울특별시 마포구 양화로 156 LG팰리스빌딩 917호
전화 02-6925-0370 | **팩스** 02-6925-0380
홈페이지 www.bobbook.co.kr | **이메일** bobbook@hanmail.net

ⓒ 달빛문학회, 2025.
ISBN 979-11-7223-104-0(03810)

※ 이 책은 저작권법에 따라 보호받는 저작물이므로 무단전재와 복제를 금합니다.
※ 이 책은 2025년 영월군, 영월문화관광재단의 지원금을 받아 제작되었습니다.

달빛문학회 제9집

페이지
터너
page turner

달빛문학회 제8집 「지상의 시간이 끝날 때까지」 출판기념회
제2회 영월군어린이동시백일장 시상식

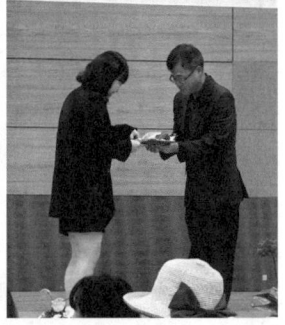

김파란 - 첫 시집 『헤어(Hehr)질 결심』 출판기념회
박여롬 - 첫 시집 『비트는 꽃이다』 출판기념회

최바하 시인 - 첫 시집 『거꾸로 자라는 버튼』 출판기념회

작가와의 만남 - 김고니 시인

김남권 시인 - 그림책 『바위소년』 출판기념회

만항재 『천상의 화원』 시낭송회

> 발간사

달빛 아래, 아홉 번째 시집을 엽니다

문장 하나가 마음속에 눕기까지
우리는 매주 한 번씩, 조용히 시를 쓰고
가끔은 스스로를 다독이며 그 문장을 견뎌왔습니다.

그렇게 모인 마음들이
올해도 한 권의 시집으로 묶였습니다.
아홉 번째 동인지를 펴낸다는 건,
어떤 의지이자, 은근한 자부심이기도 합니다.
빛나지 않아도, 부서지지 않는 문장의 힘을
우리 모두 조금씩 배워온 시간이었습니다.

영월과 원주, 두 도시에서
시를 중심으로 모인 서른여섯 명의 목소리는
서로 다른 결을 가졌지만,
어느 한 줄은 분명 누군가의 마음에 닿을 거라 믿습니다.

그리고 그 긴 시간,
늘 한결같은 시의 마음과 속도로
두 도시를 오가며 함께 해 주신 김남권 시인께
이 자리를 빌려 존경과 감사의 마음을 전합니다.
가르침으로, 그리고 편집이라는 보이지 않는 손길로
늘 책의 가장 마지막 페이지까지 함께 해주셨습니다.

이 시집은 단지 작품의 묶음이 아니라
우리 모두의 서사이고 기록이며,
삶의 조용한 응답입니다.

시를 사랑하는 모든 달빛문학회 회원님들,
그리고 이 책을 펼쳐 들어줄 독자께
조심스럽게 인사드립니다.
고맙습니다.

2025년 여름
달빛문학회 회장 최문규 배상

차 례

10　**발간사**　최문규 (달빛문학회 회장)

▶ **초대 시**

김남권
20　흉터암(癌)
22　붉은 닻

김고니
26　당신이 가장 아름다운 사람입니다
28　당신이 가장 빛나는 사람입니다

▶ **회원시**

최문규
32　선택
33　가슴이 시려올 때

이달
34　빈 깡통 속에는
36　셔츠의 시간
38　밑, 반찬
40　빈 궤짝 곁의 원고지
42　등은 거짓이 없다

김설

- 43 딸의 시간
- 44 눈꽃축제
- 45 비존재
- 46 3년의 기다림
- 48 날 놈은 나고, 될 놈은 된다

김철홍

- 62 걸음마
- 64 압록강 북쪽 강변에서
- 65 제비꽃
- 66 먼 길 떠나며
- 67 학교 앞 풍경

박소름

- 76 내일은 뭐 할 거야?
- 77 오십 대가 되니 비 오는 날이 좋다
- 78 담쟁이의 기생
- 79 평일 여행은 여유롭다
- 80 핫한 단풍을 쩌먹다
- 81 캠핑카는 근무 중

최바하

- 49 산타클로스 양말
- 52 아라비안 라이트 Light
- 54 금㴻딱지새
- 57 누가 내 슬리퍼를 먹었나
- 60 4월은 발소리로 온다

노재필

- 69 새해를 들여놓고
- 70 마그네틱 심장
- 72 도로명 주소
- 73 주책없이
- 74 페이지 터너 page turner

강나루

- 82 그림자 속 그림자
- 84 원시인이 되던 날
- 86 앞이 보이지 않는 세상
- 88 49계단의 진실
- 90 구름이 남기고 간 자리

백일석

- 91 색사 하모니 날다
- 92 우유배달
- 94 통조림 운명론
- 96 어버이 은혜
- 98 소년의 여름

최성자

- 112 노점상
- 115 곶감마을
- 118 수변공원의 봄
- 120 비 오는 날, 아버지를 그리며
- 124 함백산 만항재의 추억

박여롬

- 135 기다림
- 136 시골 교회당
- 138 시간을 말한다
- 140 미니장미의 나날
- 142 고마운 일이다

김노을

- 100 달빛 소나타
- 102 보푸라기
- 104 꽃 피는 봄날
- 107 내 고향 압해도
- 110 먹고 사는 일

김파란

- 126 상실의 시간
- 128 팔베개
- 130 탁란의 계절
- 132 시작은 광합성이다
- 134 대한민국의 봄

정든역

- 143 봄을 알리는 환생
- 144 나에겐 언감생심
- 146 수국꽃
- 147 초연
- 148 십이월의 순백 꽃

구삼숙

- 149 심장
- 152 홀딱 벗고 우는 새
- 154 스프링쿨러
- 156 붉은 나이테
- 158 거울을 보듯

한상대

- 171 빼기의 미학
- 172 헬조선
- 174 소란한 물고기
- 176 셀프 위로自慰
- 178 댄싱dancing

손재연

- 189 고향집이 그리워
- 190 봄비
- 191 제비
- 192 뻐꾸기는 운다
- 193 개미들의 소풍

최경화

- 160 그날 그 시간
- 162 간절한 기도
- 164 아가
- 166 기억 속의 행복
- 168 당신 아버지 곁으로

이우수

- 179 아름다운 기억
- 180 피의 방향으로
- 182 잔잔하고 싶다
- 184 푸른 들판 끝까지 가 보는 거야
- 186 잠은 빌려올 수 없다

이루나

- 194 행복도 슬픔도 잠시
- 196 인생의 반전
- 198 기웃거리는 마음
- 200 내가 공허한 이유
- 201 너도 알고 있니 그 말을

이정표

202 오해 1
204 오해 2

이서은

205 이토록 친밀한 피의자
206 탄핵의 전야
208 닭다리 경제학
210 손끝이 지나간 자리
212 어느 봄날의 생일 파티

정라진

213 달나라 여행
214 첫영성체하는 날

김봄서

216 이기적인 슬픔
218 애도는 기술이 아니어서
220 비껴 앉은 오후
222 결혼생활 어떠냐고?
223 가끔 무지개

박무릇

224 그 잊혀진 이름들
226 무늬
228 수석을 바라보다
231 신호등 앞에서
234 독작獨酌
235 보步

곽지숙

236 6월은 영월!
238 균형추

김남오

239 길 위에 서 있다
240 이런 사람을 만나고 싶다
241 우리 동네는 까만 물이 흐른다
242 시간을 소환하다
243 친구, 잘 가시게

▶ **특집 시**

246 제3회 영월군 어린이 동시백일장 공모전 수상작

초대 시

김 남 권

흉터암 巖

작은 바위 한가운데 흉터 하나가 남아 있었다
예닐곱 살 무렵, 할머니를 기다리며 놀다가 잠이 들었던
그 바위가 꿈속에 나타나 울고 있었다
흉터엔 어느새 물이 고여 있었고
어둠이 몰려와 상처의 무늬를 쓰다듬었다
할머니의 등처럼 따스했던 바위에 누워서
낮잠을 자고 나면 건너편 잣나무 숲에서
부엉이 울음소리가 들려왔다
시간은 오십 년도 더 지났지만
나는 바위의 흉터를 잊은 적 없다
바다처럼 넓게 느껴졌던 그 바위도
이제는 늙었는지 가끔씩 앓는 소리가 났다
할머니가 먼 길 떠나신 지 삼십 년도 더 지났는데
바위는 여전히 그 자리에 남아 있다
그 무렵 나는 아버지가 큰 바위라고 생각한 적 있었다
커다란 등이 위대해 보였고
다부진 어깨가 든든해보였다
그러나 세월이 지나고

아버지의 등에는 구부정한 세월의 이끼가 쌓이고
초라한 어깨만 쓸쓸하게 남았다
단단하던 눈빛도 바위 속으로 사라졌다
내가 마지막으로 믿었던 바위에는
밤새도록 별의 무늬를 잊지 못하는
새들의 발자국만 남아 있다

붉은 닻

섬이 불타고 있었다
누가 불을 질렀는지 불길이 타오르는 동안,
익룡의 울음소리가 들려왔다
거대한 불길 속에서 한 여자가 춤을 추고 있었다
벌거벗은 채로 입으로 불을 빨아들이며
새하얀 혼백을 태우고 있었다
야트막한 섬자락은 김해의 커다란 닻이 되어
펄럭이고 바닷물은 하얗게 말라가고 있었다
불길 속에서 춤추던 혼백이 바닷물을 삼키고
물고기자리로 돌아갈 때까지
섬은 내내 울고 있었다
아버지가 구급차에 실려 춘천의료원으로 실려 갈 때,
나 좀 살려달라고 몸을 뒤틀며 외치던
그 소리 같았다

김해가 모두 마르고 염혼(殮昏)*이 될 때까지
불길 속에서 춤추고 있던 여인은
끝내 나타나지 않았다
붉은 닻은 쓰러지고 섬은 사라졌다

* 염혼(殮昏) : 어둠을 염하다
* 한강의 소설에서 영감을 받다

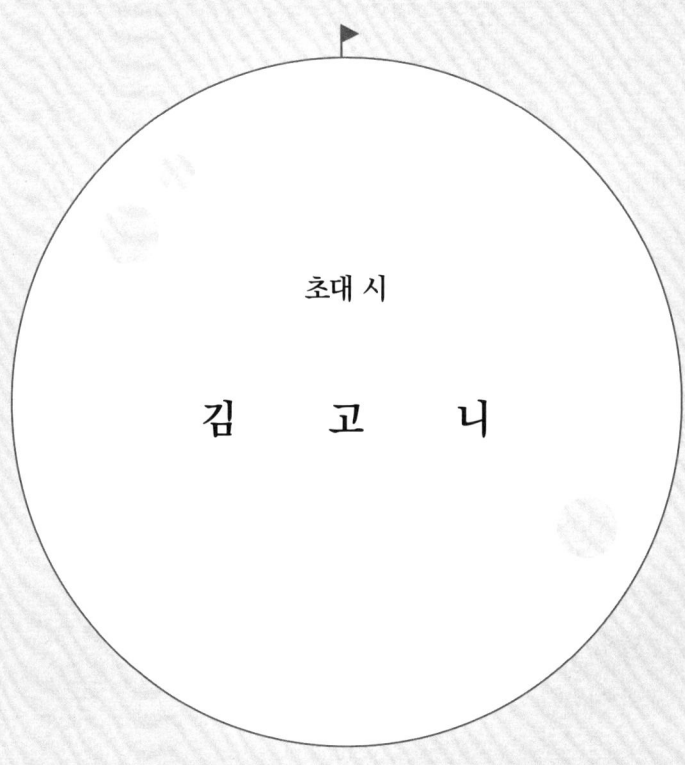

초대 시

김 고 니

당신이 가장 아름다운 사람입니다

산에 번지는 불꽃을 땀으로 막아내는 이들에게
봄비 같은 마음을 건넬 수 있는 사람
소주로도 달랠 수 없는 노을의 울음소리를 들으며
하늘에게 건배할 수 있는 사람

수많은 사람들이 나를 밀쳐도
당신은 나를 신호등처럼 바라보며
손을 흔들어 주는 사람입니다

당신은 내가 만난 사람 중에
가장 빛나는 사람입니다
돌아온 달의 이마를 짚어주고
지친 해의 어깨를 두드리는 사람

인형을 잃어버린 아이처럼 울고 있으면
사탕을 건네주던 아빠처럼 따뜻한 사람

내가 만난 사람 중에
당신이 가장 아름다운 사람입니다

당신이 가장 빛나는 사람입니다

함박눈이 내리는 길을 걷다가 발이 시릴 때
따끈한 국수 한 그릇 먹자고 손을 내미는 당신
오후의 햇볕이 나를 슬프게 할 때
부드러운 바람처럼 바라봐주는 사람

수많은 사람들이 나를 모른 척 지나쳐도
당신은 먼 곳에서부터 나를 발견하고
두 팔을 벌려 안아주는 사람입니다

당신은 내가 만난 사람 중에
가장 아름다운 사람입니다
잠들지 못하는 해의 그림자에 이불을 덮어주고
돌아가는 달의 뒷모습을 기억하는 사람

내가 서툴고 어리석어도
때 꼬질한 얼굴을 씻어주던 엄마처럼
언제나 다정한 사람

내가 만난 사람 중에
당신이 가장 빛나는 사람입니다

『아픈 손으로 문을 여는 사람들에게』 중에서

회원 시

선택

최문규

그날이다

4년이 지나고 나서 깨우친 그날의 현실은
분노를 넘어선 애증의 그림자로 남아 있다

그날의 용서할 수 없는 떨림은
훗날 어떤 결과로 나타날지 예감하기 어려운
피 끓는 청춘이었다

그것이 설령 시리고 매서운 뒷날을 예고하는
신호탄이었다고 하더라도 자랑스러운
순간이었다

지금 뜨거운 피는 식었지만
내가 서 있는 자리를 사랑하는 씨앗은 남아있다

이제 가슴 깊이 묻어둔 그날의 기억을 꺼내야
하는 선택의 순간만 남았다

가슴이 시려올 때

플라타너스 잎이 커지고 아카시아꽃이 매캐한
향기에 묻혀온다

서로의 어깨에 팔을 두르고 알 수 없는
두려움을 감싸주던 친구들을 생각한다

얼굴에 열꽃이 홍역처럼 올라와
캠퍼스를 붉게 물들이던 이름들이 기억난다

용광로 같은 불길 속에서
뜨거운 열정을 억누르던 올리브색 군인이 나타났다

희나리로 변한 것들은 못내 참기 힘들다
가슴 한구석으로 사그라드는
울분은 차가운 화석이 된 지 오래다

세월은 머물지 않고 직진 중이다

빈 깡통 속에는

이달

차버리고 싶다
신나게 차이고 싶다

알맹이는 진작에 탈출했다
영악한 사람들이 용하게 알맹이를 빼먹는 순간,
쓰레기통 속으로 던져진다

텅,
텅,
누군가 자꾸 나를 걷어찬다

아무 소리도 내지 못하고
사방이 찌그러진 채
몸속에 그림자가 생기기 시작한다

구겨진 빈껍데기 속엔
먼 길을 지나온 내 삶의 기억들이 팽창하는 중이다

텅,
텅,
중력의 침묵을 깨우는 중이다

셔츠의 시간

겨울에서 봄으로
계절이 문턱을 스치며 한 발자국 다가온다

옷장을 정리하던 큰딸이
"엄마, 이것 좀 봐"
"이거, 내가 엄청 아껴 입던 옷인데
이렇게 작아졌네" 하며
어릴 적 입던 티셔츠를 들고 왔다

한때는 소매가 손등을 덮고
밑단이 무릎까지 내려왔던 옷이다
그땐 늘 조금 더 큰 옷을 골랐다
금세 자라 작아질 테니
조금은 크더라도 한 해 더 입히려고
긴 소맷자락에 미래를 접어두곤 했다

얼마 전 아버님을 찾아뵈었다
지난해 사드린 하늘색 셔츠,
딱 맞아 기뻐하던 그 옷이 어깨가 헐거웠다

단춧구멍 사이로 바람이 들고
소매는 손목을 헛돌며
가까스로 시간의 흐름을 붙들고 있었다

세상에 대한 경계를 푼 채
작아져가는 등이
따뜻한 봄 햇살 아래 자꾸 눈에 밟힌다

밑, 반찬

주말 오후의 햇살이
단단한 나무 도마 위에 낮게 눕는다

끓는 물 속에서 숙주는 들숨을 쉬고
오이는 제 속을 비워 하루를 채웠다

나는 오늘도
보이지 않는 바닥을 다지며
반찬을 만들어 냉장고를 세운다

타지의 단칸방,
고등학교 3년을 버틸 수 있었던 건
어머니의 심장을 졸여서 만든
검은콩들이 별처럼 반짝였기 때문이다

'밑'이라는 말은

말없이 단단히 받쳐준다는 것,

눈부시지 않아도

기울지 않기를 바라는 것이다

특별하지 않아도

오래된 뿌리처럼

가늘지만 깊게 박혀

누군가의 허기진 하루를 붙드는 것이다

몸의 허기를 채우는 건

결국 마음의 온기이고,

기억이다

빈 궤짝 곁의 원고지

중절모 하나,
바람의 기억을 안고 걸려 있다

낡은 코트는 여전히
그의 어깨를 기다리며
마른 나뭇가지처럼 흔들린다

그 아래,
침묵으로 눌러쓴 이야기들이
스무 권의 새벽처럼 빈 궤짝 옆에
겹겹이 쌓여있다

무릎 위에 내려앉은 문장 하나,
시간의 끝자락에 얼어붙고
눈송이처럼 조용히 백지를 덮는다

말라버린 잉크,

숨을 죽인 말줄임표 몇 개가

남겨진 꿈처럼

원고지 속에 갇혀있다

등은 거짓이 없다

돌아서서 가는 그의 뒷모습을 보았다
낯익은 고집과 완고함,
말없이 삼킨 굳은 결심들이 묻어 있다

어깨 위엔
묵직한 계절 몇 개가 걸려 있고
숨기지 못한 삶의 무게가
겹겹이 쌓여 있다

등을 보인다는 건
말하지 못한 생각들이
등골을 타고 흘러내리는 고백이라는 걸 알기까지
오랜 시간이 걸렸다

휑한 바람이 내 등을 스쳐 지나가고
바람에 실려 오는 그리움이
등 뒤로 따스하게 내려앉았다

딸의 시간

김설

내가 보내는 시간은
바쁘고
네가 보내는 시간은
귀하고 아깝다

눈꽃축제

벚꽃축제 다음 날
서둘러
옷장 속 트렌치코트를 꺼내 입었다

집 앞을 나서는데
펄 펄,
꽃비가 지천으로 쏟아졌다
허공으로 흐드러지게 날리는
생애 가장 아름다운
눈, 꽃을 만났다

비존재

네 속에 내가 있다는 느낌을 받은 적 있다
내가 아니면 안된다는 마음을 만난 적 있다
다른 사람들이 보내는
연민의 눈빛 그런 거 말고
있는 그대로의
그냥 나를
네 안에서 보았다

3년의 기다림

만날 수 있을까
설레임과 조급함이 뒤섞인 마음으로 뛰어간다
넌 보이지 않는다
그런 날은
멍하게 누워 천장만 바라본다
마음의 계절이 여러 번 바뀌고
드디어
널 만났다

묵직하게 자리 잡고 서 있는 널
모른 척 지나친다
숨이 막히고
눈물을 참을 수 없다
널 두고
난 모퉁이 뒤에 숨어버렸다
아직 그 자리에 있을까
한참이 지나 바라본 넌
묵묵히 그 자리에 서 있다
이제 너를
아니, 나를 받아들여야 할 시간이다

날 놈은 나고, 될 놈은 된다

엄마의 텃밭에 강낭콩을 심었다
깊이는 3센티
간격은 15센티로
깊이와 간격을 칼같이 재는 날 보며
엄마가 웃으신다
"뭘 그렇게 하고 있어 어떻게 심던
날 놈은 다 난다"

사람도 그렇다
불행한 사람은
자라난 환경을 탓하고
행복한 사람은
지금 이만큼도 고마워한다
행복과 불행은 종이 한 장 차이다
상황이 어떻든
될 놈은 된다

산타클로스 양말

최바하

무좀발톱의 상태를 확인하려고 양말을 벗었다
후두두둑
양말 속에서 영양 가득 토실토실한 흙들이 쏟아져 나왔다
낼모레가 초복이건만 장딴지용 겨울 등산 양말은
계절을 우습게 거슬러 버렸다
발을 보는 순간 왜 벗지 않으려 했는지 알 것 같았다

발톱을 깎지 못해 너무 두꺼워진 각질은 처방약을 흡수하지 못했다
골 깊게 갈라진 뒤꿈치는 문제도 아니다
의료용 니퍼로 대대적인 성형에 들어간다
발을 닦고 소독을 하고 스크럽 장갑을 끼고 마스크까지 썼다
어두운 실내조명 탓에 스마트폰의 손전등을 켜고
평정심을 잃지 않고 몰입한다
당뇨 환자의 발에 상처는 감염 원인이 되는 시한폭탄이다

고개가 뻣뻣해지고 눈알이 시큰 거린다
엄지와 검지, 손바닥 안쪽까지 경련이 일기 직전이다
마스크 안쪽으로 땀방울이 흥건히 고일 때쯤
마지막 검댕이 조각 하나를 분리해 냈다
어르신도 긴장한 탓인지 발바닥과 종아리에 쥐가 나 벌러덩 누운 채
뻣뻣한 다리를 치켜들고 비명을 질렀다
이번엔 몸속을 뛰어다니는 쥐 한 마리와 한판 승부에 돌입했다

부엌 앞 빨랫줄에서 구멍 없는 빨간 양말을 걷어와 신겼다
몇 번씩 걸리적거려 애먹었던 발톱은 한 번에
뒤꿈치를 지나 종아리까지 내달려 오르니
신기하고 개운한지 입꼬리가 따라 오른다
멋쩍은 안색에 고마운 표정이 역력하건만
먼저 말하는 법이 없었던 어르신은
마지못해 헛기침 한번하고 "애썼네" 한마디를 했다

그렇게 건네받은 귀한 '비타500' 한 병
스파클링 와인 맛이 났다
크리스마스가 뭐 별건가?
한여름이라도 감사선물 받으면 메리 크리스마스인 거다

아라비안 라이트 Light

나는 그녀가 아랍에서 시집온 사람인 줄 알았다
반백의 머리칼을 한 채 지게처럼 앉아 있는
남자의 무심한 머리를 향유를 바르듯 곱게 쓰다듬었다

대야에 체온을 닮은 물을 떠다
무릎 아래 엎드려 각질화된 두 발을 받쳐 들고
정성 들여 세족식을 하고 있었다

소파 옆 탁자 위에
물컵이 손에 닿을 거리에 있어도
잔뜩 휘어진 허리로 씽크대까지 꽃잎처럼 달려와
두 손 모아 전해주었다

어떤 아랍의 여인들은 남편이 세상을 떠나면
그때부터 죄인이 되어 햇빛도 보지 못하고
남은 생을 차도를 두른 채 살아가야 한다고 했다

천군 아래 단군의 나라에선
그런 풍습을 내림 받은 적 없어도 죄인 된 슬픔을 안고 봉분 옆에 엎드려
왕생극락 천도재를 지낸다

거실 마룻바닥으로 석양의 긴 그림자가 걸어 들어온다
붉은 줄기가 황금빛 실 가닥으로 짠 숄이 되어
구부러진 어깨를 감싸안는다

아,
파티마에서 마리아가 기적으로 발현되었는가,
떠나버린 아들을 안고 있는 피에타의 마음인가

사랑,
그것 말고는 다른 말이 필요없다

금線딱지새

짭새가 아니다
오늘은 딱지새다

나라님 금고에 돈이 모자란 건지
부자들이 너무 많아서 세금이 줄어든 건지
주머니 안에 별별 딱지가 자꾸 쌓여간다

오늘도 출근길에 새파란 수리새에게 뜯겼다
연동되는 짧은 신호등의 사거리에서
좌회전 깜빡이로 포켓 구역에 급히 들어서려다
노란 두 줄 금을 밟고 지나가다 딱 걸렸다

몇 달 전엔 초행길로 최종 목적지가 바로 좌측에 있다고
친절한 네비가 알려 준 선을 따라
주차 차단기 안으로 들어섰다가
가운데 노란 선을 넘어갔다고 잡혔었다

계몽이나 선도도 없고 훈방 조치도 사라진
실적을 쌓으려고 눈에 불을 켜고 딱지를 끊어댄다
서민의 새오라기 연민마저 퇴출시켜 버렸다
기념비적인 지침규정에 땅속에 묻혔던
20세기판 긴급조치 9호의 망령이 되살아난 듯
도로가 하루가 다르게 팽팽해지고 있다

부자들 감세해 주느라 텅 빈 금고를
만만한 서민들 주머니를 털어 메꾸느라
공적자금을 딱지로 채우느라 여념이 없다

그래, 많이 끊어라
금 밟고 벌금 내고
금 넘어 딱지세에 더블로 감점당하고
시간은 금이라는데 금 밟은 죄로 걸려든 나는
금단의 선을 넘고 만다

금 밟으면 죽는다

선 넘지 마라,

니들도 반드시 금 밟을 날 있을 거다

누가 내 슬리퍼를 먹었나

금방 신고 벗어 놓은 실내화가 안 보인다
화장대 아래?
욕실 앞
침대 벽 사이에도 없다
절룩거리며 아무리 찾아도 없다
데자뷰인가?
도대체 어디로 사라진 건가
오른쪽 발이 균형을 잃었다
홀로 남겨진 왼쪽 슬리퍼가 몸 둘 바를 몰라 삐질 거린다

너 알고 있지?
어디에 숨겼어?
도리도리 묵묵부답
화가 난 왼발이 휙
공중으로 냅다 발길질을 한다
억울하게 벗겨진 왼쪽 슬리퍼가 내동댕이쳐진다

어, 벽 쪽에 붙어 있던 앵글 옷걸이 아래
나란히 엎드려 있는 실내화 한 켤레,
두 짝이 다 있다
눈 깜빡할 순간

이건 못 본 것이 아니다
시간 속에서 누군가 기억을 뽑아 간 것이다
누가 본체의 동의도 없이 세포분열의 주사를 놓은것인가

서브스턴스*,
그 창세기 같은 비밀을 목도해버렸다
잠시 고민에 빠졌다
두 발의 평화를 위해
잘려 나간 기억은 애써 찾지 않기로 했다
감당하기 두려운 비밀은 못 본 채 눈을 감아야 한다
때로는 침묵이 약이다

그러나 기억하라,

나는 평화주의자다

* 서브스턴스 : 존재 또는 본질, 2024년 개봉한 데미 무어 주연의 영국 영화 – 세포분열 약물로 또 다른 젊고 아름다운 몸의 자아가 나와 교대로 살아가다 욕망으로 인해 파국에 이른다는 스릴러 장르의 영화

4월은 발소리로 온다

집 앞 마트에 가는 길이다
머리 위에서 발소리가 들린다
눈앞으로 흰 발자국이 걸어 다닌다
무명 치마에 젖은 손을 훔치며 달 아래
두 손을 모으던 그녀가 보고 싶다

늦둥이가 학사모를 쓰던 날에도
부모의 모습은 보이지 않았다
진눈깨비가 내리던 내 졸업식 날은
엄마의 처음이자 마지막 수술이 있었다
중환자실 문 앞을 지켜야 했던 아빠까지
졸업식 사진 속 텅 빈 자리는 아직 그대로 남아 있다

그렇게 이 년 남짓 외줄 위의 아슬아슬하던 목숨은
달포화*가 마당에 가득 날리던 날 밤
소쩍새의 발자국이 동구 밖으로 이어져 있었다

살냄새 부딪치며 밥 먹던 엄마의 집에서
피붙이 형제들도 떠나고
막내는 옥탑방 언니의 셋방에서 살았다
그리 정해진 자리 없이 부레잠을 자며 직장을 오갔던 날들 속에
독립을 위한 마지막 선택은 결혼이었다

낯선 도시는 꿈꾸던 공간이 아니었기에
모정의 빈자리는 싱크홀처럼 넓어져 두 발은 자꾸 헛디디기 일쑤였다
베갯잇은 날마다 홀로 물들었고
치자꽃 피는 여름밤엔 밤새 뒤척였다

어느덧 엄마의 이별 나이를 들어서고
해마다 사월이 오면
문밖으로 다가오는 발자국 소리에 귀 기울인다

"어머니, 그곳까지 치자꽃 향기가 들리나요?"

* 달포화 : 달맞이꽃

걸음마

김철홍

바닥에서 배밀이를 하던 첫째가
처음 벽을 짚고 섰을 때

아내와 나는
신기하고 놀라며 기뻐했다

그 서툰 발걸음을 보고
무엇 때문에 그렇게 환호했던 것일까

아버지가 돌아가시기 불과 한 달 전
힘겹게 지팡이를 짚으며 일어섰을 때

나는 소리 없는 눈물로
그 모습을 지켜보았다

바닥에서 태어나
바닥으로 돌아갈 때가 되면 다시 걸음마를
시작해야 한다는 걸 그때 처음 알았다

어머니에게 최초의 기쁨을 드렸던
내 걸음마는
언제 끝날까

압록강 북쪽 강변에서

불경기가 덮친 단동의 아침거리엔
사람은 없고 우울만 감돈다

끊어진 철길 위에서 기념품을 팔던 중국 상인은 어디론가 사라지고
낡은 다리 아래로 희뿌연 강물만 말없이 흐르고 있다

한 세기가 지나는 동안
백두산은 장백산이 되어가고
간도 땅은 흔적 없이 사라지는데

강 너머 남쪽 들녘엔 어두운 침묵만 흐르고 있다

칠십 년 전 헤어진 가족은 늙고 병들고 죽어간다
이제는 초조함마저 길을 잃어 가는데
강 건너엔 아직 봄이 올 기미조차 보이지 않는다

제비꽃

갑오년이 지났지만 가엾은 농민들은
나무뿌리로 겨우 숨만 쉬고 있었다
목숨처럼 지켜온 씨앗마저 수탈당하던 봄,
어김없이 피어나던 꽃 한 송이를 기억한다

상처 난 들판,
막막한 돌 틈 사이에 말없이
피어나던 너를 알고 있다

구름 한 점 없는 창공을 날아가는 꿈을 꾸다
산나물 캐는 소녀의 머리에 앉아
보랏빛 나비가 되었구나

이제 더 이상 오랑캐의 군홧발에 짓밟히지 않고
소녀의 꿈속으로 해마다 찾아오는 제비가 되어
고통 없는 푸른 들판 위를 훨훨 날아라

먼 길 떠나며

정들었던 곳을 떠나기 아쉬워 자꾸만
뒤를 돌아본다
몇 년 동안 눈길을 나누어 준 흔적 하나하나를
가만히 들여다본다

무심히 서 있는 느티나무 한 그루
바람에 홀씨를 날려 보내는 민들레 한 포기
묵묵히 내려다보던 뒷산의 바위까지

나는 언제부터 이들을 사랑하게 되었을까?

아무 생각 없이 스쳐 보낸 시간들 속에 남아 있는 기억이
이렇게 아름답게 보이는 것은 무엇 때문일까?

바람소리

풀잎소리

냇물소리

눈을 감으면 들려오는 모든 소리들이

나를 흔들어 깨우고 있다

먼 길 떠나는 발길이 무겁다

언제 또 만날 수 있을까

발자국마다 꽃잎이 떨어진다

학교 앞 풍경

칠십 년대 어느 날 아침,
국민학교 교문 안으로 아이들이
몰려 들어갔습니다

이천 년대 어느 날 오후,
아이들이 초등학교 교문 밖에
대기하고 있는 학원 차를 타고 사라집니다

이천이십오년, 어느 날
풀이 가득 자란 운동장을 가로질러
한 노인이 걸어갑니다

아이들의 웃음소리가 사라진 교문 앞으로
마른 낙엽 하나가
바람에 뒹굴다 날아갑니다

새해를 들여놓고

노재필

다가구 주택 방방 마다 새해가 들어왔다

폭설이 내리고 추위가 문을 걸어 잠근 아침,

뒷산이 잔뜩 휘었다가 부러지는 소리가 들렸다

도로도, 골목도, 마음도 끊긴 채 텅 비어 있다

바깥이 창문을 물끄러미 들여다본다

잊고 있었던 시간이 한 방울씩 녹아서 떨어졌다

한 무더기씩 기억이 떨어질 때마다 놀란 어둠이 달아났다

새로워야 할 첫날에 묵은 체취만 가득했다

어딘가에서 새해를 맞이할 네가 궁금해졌다

날은 어둑어둑, 또다시 눈이 오려나 보다

어둠에 갇힌 불빛들이 하나둘 창문 너머로 몸을 들여놓았다

마그네틱 심장

IC카드 투입구가 혀를 날름거리면
기계는 배에 달린 입을 열고 지폐를 뱉어냈다
참았던 소비심리가 풀려 전염병처럼 번졌다
은행 접수창구가 사라진 자리에
ATM기가 나와 호객행위를 한다
지폐가 들락일 때마다 찌릿찌릿한 쾌감을 느낀다
만족했으면 확인버튼을 눌러야 한다

겨울바람이 날 선 어느 날,
걸어두었던 잠바 속에서
잊고 있었던 지폐 몇 장을 발견했다
폐지 한 짐, 나물 몇 소쿠리 값이 구겨져 있었다
시장 바닥의 여린 온기가
방치된 지폐를 끌어안고 있었다

오늘 네거리 편의점 ATM기는
쇳내 나는 표정으로 밖을 노려보고 있다
천 원짜리 지폐는 받아주지도 않는다
이글이글한 잔주름이 폐지박스 리어카를 밀고 간다
갈 곳 없는 천 원짜리 지폐가 뒤를 따라간다
그들만의 거래가 성사되는 구석을 향하여

도로명 주소

더 이상 집은 없었다
사람들은 거리로 쏟아져 나와 제집을 찾아 헤맸다
밤이 늦도록 네온사인을 쫓아다녔다
적막한 시골 농가에는 주인 없는 불빛만 여릿했다

오래된 번지를 안고 있던 골목이 큰길 바깥으로 쫓겨났다
골목 안쪽 분꽃이 피어나던 마당은 사라지고
설거지 소리도 들리지 않는다
눈을 붙이러 들어온 사람들은 아침이 되면 뿔뿔이 흩어졌다

훤칠하고 매끈하게 빠진 고층 아파트
마당을 깔고 앉아 가슴을 드러낸 공용주택들
그곳에는 둥그런 마음이 들어갈 집이 없었다
네모난 수박 속에 틀에 박힌 생각들이 세 들어 살고 있다

주책없이

점심에 짬뽕을 먹다가
매워서 당신 생각이 났다

짬뽕 국물처럼 후끈해야 할 나이에
식은 병상처럼 햇빛만 기웃거리는 당신

눈시울이 자꾸 뜨거워져
출입문을 헤집고 서둘러 나왔다

페이지 터너 page turner
- 드라마 〈폭싹 속았수다〉의 양관식을 생각하며

빛은 너를 비추고
나는 그림자 쪽에 앉았다

검은 정장
눌러쓴 침묵 속에
손은 바람처럼 얇아야 한다

건반 위 손가락이
숨 가쁘게 움직이면
나는 나비처럼 페이지를 넘긴다

나는 울지 않는다
흔들려서도 안 된다
너의 주인공이므로

모두의 눈과 귀가

너에게 몰입할 때

나는 음표를 놓치지 않는다

한 장, 또 한 장

너의 시간이 넘어가는 동안

내 시간은 멈추어도 좋다

박수갈채가 쏟아진다

악보를 덮고

가장 조용한 퇴장을 한다

무대 아래

내게 남아 있는 것은

넘기지 못한 슬픔의 악보

마에스트로의 손짓은 잊은 지 오래다

▶ 내일은 뭐 할 거야?

박소름

일단 자고
눈뜨면
살아있다는 것에 감사하고
TV 켜고
시계를 보고
아침을 먹고
커튼을 열고
씻고
차를 몰고
발길이 닿는 곳으로 출발한다

오늘은 나도 휴무다

오십 대가 되니 비 오는 날이 좋다

주말 오후 낮잠 삼매경에 빠졌다
후두둑 후두둑
차광막을 두드리는 소리에 잠이 깼다
점점 빗소리는 굵어지고
개울물은 폭포수를 방불케 했다
실루엣 차림으로 후다닥 뛰어나갔다
축복의 날이라 하늘도 기뻐 울었는지
길바닥엔 꽃비가 가득했다

담쟁이의 기생

주말 오후 친구와 치악산 입석대를 향해 걸었다
땀이 가슴골 따라 배꼽까지 흘렀다
잠시 바람을 맞으며 의자에 앉았다
담쟁이넝쿨이 참나무를 타고 오르는 줄기를 만났다
잎은 데칼코마니로 뻗어 있다
더듬이 뿌리도 있다
먼저 나온 것들은 나무를 힘껏 끌어안고
저항을 못하는 게 안타까워
일일이 떼어 놓았다
그 자리에서 담쟁이는 나무에 깊은
발자국을 남겼다

평일 여행은 여유롭다

새벽 버스 타고 남도 가는 길
간밤 비바람에 뜬눈으로 밤을 새웠다
창밖 아카시아가 졸고 있다
낮잠 시간이라 그런지 모두 조용하다
써레질한 논에 올챙이를 낚아채는
왜가리 목만 흔들거렸다
마음이 바쁘다
멀리 짝 찾는 장끼 소리에 귀가 쫑긋해진다
새참 먹을 시간인가 보다

핫한 단풍을 쪄먹다

오늘은 음력 9월 9일 초구
떡 시루의 뚜껑을 열었다
확 올라오는 김이 얼굴을 덮었다
눈앞에 단풍잎 하나
순간 침을 꼴깍 삼켰다
앗, 뜨거
달달한 설기를 입안 가득 물었다
10월의 단풍 설기에
내 얼굴도 덩달아 붉어졌다

캠핑카는 근무 중

주말에 진주 낙화축제를 보려고 대구행 버스를 탔다
차창 밖 승용차에 매달려가는 캠핑카를 보았다
언제 떨어질지 모르는 이음 고리는
좌우로 덜컹거리며 끌려갔다

평일에는 다리 밑이나 공터를 지킨다
주말에는 전국을 끌고 다닌다
그래도 주 이 일제라 다행이다
오 일은 편하게 쉴 수 있으니,

여름휴가 때는 빨간 대머리가 된다
그것도 모자라 장작불에 모깃불까지 피우고
에어컨을 풀가동해도 어지럽다

그나마 고양이는 맡겨 두고 와서 다행이다
그늘이 간절해지는 시간,
나도 한 달 동안 휴가를 가고 싶다

그림자 속 그림자

강나루

한 해를 마무리하는 햇살은
산등성이 아래로 황급하게 숨어 버렸다
바람 부는 벤치 위로 서성거리는 그림자

그림자 안으로 파고드는
나그네의 쓸쓸한 뒷모습을 바라본다

그리운 사람
보고 싶은 사람
함께 걷고 싶은 사람
그리운 눈빛으로 말하고
하루의 일상을 공유하고 싶은 사람

모든 것을 다 내주고도
그저 바라볼 수밖에 없는
그런 그림자를 본다

내 눈빛의 흔들림은 무엇 때문인지
알 수 없지만

매서운 찬바람이
그림자 속으로 파고들면
성근 그리움은 내 마음속의 정원 속으로 사라진다

꽃 피는
봄을 기다리며 사라진다

원시인이 되던 날

6월의 첫날
원시인이 되었다

핸드폰을 잃어버리고 망연자실
오늘 일과를 어찌 보낼까 혼란스럽다

상갓집 조문
지인의 도움으로 상경한 서울
차에서 검색한 병원행 셔틀버스 탑승은 포기하고
전철 역사의 노선도를 찾아
몇 번 출구로 나가야 하는지 찾아 헤맨다

비 오듯 흘러내리는 땀은
여의도 빌딩 숲이 마련한 정갈한 십자성 사이로
손수건이 전하는 마지막 몸부림이
모락모락 김을 피워 올린다

큰일이다
조문을 마친 발걸음은
또다시 멘붕을 선사하고
결국 KBS별관 옆 샛강역을 지나
아파트 빌딩 숲의 방치된 원시인으로
잔상을 그려놓는다

퉁퉁 부은 다리의 절규가
후끈거리는 통증으로 밀려오고
원시인이 된 하루
기계의 도움 없이 마냥 행복했던
몸이 기억하는 예전의 나를 소환하고 싶다

앞이 보이지 않는 세상

핸드폰에서 여성의 음성이 들리고
톡이 오면 톡 문자 내용을 읽어준다

깜짝 놀라 가슴을 쓸어내리고
손가락 동작으로 내가 원하는 대로 움직여야 할
핸드폰이 제대로 작동하지 않는다

식은땀이 나고 정신이 나갔다
전화를 어떻게 할지 생각이 안 나고 조작을 못한다
AI의 지배가 시작된 걸까
전원을 끌 수도 없다, 핸드폰을 집어던지고 싶었다

우렁잇속이 되어버린 시간이 지나고
젊은 직원에게 도움을 받고 나서 진정할 수 있었다
TalkBack*의 기능이 활성화되어
시각장애인이 사용하는 기능이라는 말에
가슴이 덜컹 내려앉았다

겁에 질렸던 일요일 오후,
당황하고 어찌할 수 없었던 잃어버린 시간의 경험이
시각장애인에게 소중한 것이라는 진실 앞에
안도감과 부끄러움이 가슴이 먹먹해졌다
누구나 다가올 수 있는 알 수 없는 앞날,
겸손의 13시간**의 교훈에 말을 잊지 못했다

* TalkBack : 시각장애인이나 저시력 사용자가 터치 및 음성 피드백을 사용하여 Android 기기를 조작할 수 있도록 도와주는 접근성 기능
** 13시간 : TalkBack이 운영되었던 시간

49계단의 진실

회색빛 바닷물결이 넘실거리는
군산의 해안도로

채만식문학관의 뱃머리가
손짓한다

백릉의 생애를 밟고 올라서는 49계단
한 계단 한 계단 내딛는 발걸음
소설, 희곡, 수필의 49년의 여정이
스크린처럼 따라온다

한때는 친일에 대한 반성으로
가슴을 부여잡고 통한의 눈물을
삼켰을 백릉

원고지 20권의 소박한 유언으로
원 없이 작품을 쓰고 싶었던 애절함이
주인을 떠나보낸 불 꺼진 촛대 넘어
향을 잃어버린 향로만
문학관의 방문객을 맞이한다

구름이 남기고 간 자리

시월 초하루 가을이
시월의 문턱을 넘어가고 있다
샛 파란 하늘 열린 자리에
바람에 쓸려가다 남겨진 구름이
하얀 낙엽이 되어 흔적을 남겼다

군데군데 박혀있는 구름 사이로
수리 한 마리 먹이를 찾아
발자국을 남기고
여기저기 쪼아가며 고공비행을
자랑한다

행여나
하늘이 찢길까
지나는 바람이 조바심에
하얀 낙엽들을 쉼 없이 흘려보낸다

색사* 하모니 날다

백일석

봄이 한창인 길목
계절을 재촉하는 발걸음이 바쁘다
설렘을 품고
먼 길 한걸음에 달려온 청춘들
한 걸음이라도 놓칠 수 없어서
사랑의 하모니에 탑승을 한다
보물 같은 힐링의 시간
가슴 한켠에 차곡차곡 쌓이다 보면
두둥실 날아가는 애드벌룬이 될 터인데
소중한 우리들의 만남도
세상 부러움 없이 차고 넘쳐
소중한 사람에게 나누어 주고 싶다
흘러간 수많은 시련 속에서도
온전하게 버텨준 우리들의 기억을
가슴 속에 묻고
날자, 다시 날아 보자
사랑의 희망도
마지막 보루에 다다를 때까지

* 색사 : 색소폰 사관학교

우유배달

오늘따라
발걸음이 무거웠는지
시간도 태클을 걸었다

마을 하나를 건너면
또 다른 마을로 넘어가고

아파트를 돌고
상가를 돌고
단독 주택마저 돌고 나면
재채기가 쏟아진다

모두가 깊이 잠든 밤
깨어있는 의식을 곁에 두고
혼자 노동요를 부르며 새벽을 누빈다

가도 가도
사막 같은 두려움이 몰려오던 때가 있었다
어둠에 밀리고

빈정대는 생의 한가운데를 지날 때는
두렵고 서러웠다

그러나 하루도 빠짐없이 문앞에 놓이는
한 통의 우유로 아침을 여는 누군가의
건강한 목숨은 결국 내 손에 달려있다

통조림 운명론
- 깡통

길을 오가며 툭하고
발로 걷어찼던 녀석
소리가 요란해서 꽉 짓이겨 밟아
고철의 명찰을 달아 주고 싶었다

허름한 구멍가게 일등석에
진열된 꽁치, 고등어가
어떻게 저기에 들어가 있었을까
궁금해 목마르던 비밀의 순간,

성인이 되어서야
고급진 맛을 알게 되었다
세월이 흘러 세련된 치장과
거듭된 신분상승으로

몇 번의 망설임을 극복해
밥상에 초대되었지만
사라진 입맛에 예고 없는
퇴출을 결심해야 했다

어렵게 살던 시절
눈물로 삼킨 식단이 건강식으로 회자되고
감동의 아우성이 메아리친다

인공 감미료에 심취한
깡통의 유혹도 머지않아
별 볼 일 없을 듯하다

온갖 사치를 만끽해 온
입맛의 수고에
훈장 한 개쯤 너에게
달아 주고 싶다

어버이 은혜

누군가 불러주는 그대 이름
지평을 흘러 지하까지 들립니다
뼈 마디마디가 수백 번
줄다리기를 하고 끝내 이겨내
환호하던 감동의 물결
그렇게 태어난 내가
이제 꼼짝없이 그대 곁으로
가려 합니다
강산이 네 번 바뀐 찰나의 시간을
다 보듬지 못하고 서둘러 가신 그 길
여전히 한쪽 가슴이 비포장 도로인양
툴툴거리며 흙먼지가 날립니다
일찍 떠나버린 그대의 상처만큼
까치발 너머로 보이는 생의 기억들은
가난했지만 행복했습니다

진짜 사람이 되라고 당부하시던 마지막 순간까지
깊이를 읽지 못한 불효가
마르지 않는 샘물처럼 방울방울 떨어집니다
밤하늘에 차고 넘치는
은하수가 그리움이라면
쏟아지는 별빛 아래서
도란도란 옛정이라도 풀어 볼 텐데~
꽃을 보면 꽃으로
열매를 보면 열매로
다가오는 큰 은혜로움
언제나 기억하며 살겠습니다
부디 평안하소서

소년의 여름

허벅지를 지나가는 물살이
친구 하자고 속삭이던 어느 날
징검다리 위로 물이 넘쳤다

"학교도 공부도
오늘 하루는 때려치워"
갑자기 쏟아진 폭우가 미웠다

"오늘 옥수숫가루 배급 날인데~"
억울한 심정이 되어
사나운 물속에 떠내려 가는 아쉬움을
철없이 바라보았다

난파선 같은 동심은 깨어지고
가난을 덧칠한 삶은
하루 종일 나를 심란하게 했다

스스로 토닥거릴 줄 알았다고 해도
어린 마음은
억울하고 가슴이 쓰렸다

엎질러진 물도 주워 담을 수 있을 것 같은
심정이었다

그러나 끝내 그날의 상처는 아물지 못한 채
오십 년이 지난 지금도
세월의 눈치만 보고 있다

달빛 소나타

김노을

노을도 깊은 잠에 빠져 들었다

너는 그저 운명처럼
스쳐 지나갔다

동정의 눈길마저 사라지고
쪼그리는 심장을 열어젖히고
아쉬운 미련과 독대한다

하루를 아낌없이 불태웠는데도
땀띠처럼 돋아난 잠이
입안의 모래처럼 서걱거린다

황금빛으로
익어가는 잠은
춤추는 의식을 다독인다

새벽까지 삼켜버린 기억,

나는
미처 익지 못한 밤을
잘게 부수며 누워있다

보푸라기

한동안 잊고 지냈던
거친 시간들이

산처럼 일어났다

그랬다
나를 버린 세상이
나비의 날갯짓 하나로 허물어졌다

내 안에선

가벼운 너무나 가벼운
심연의 열꽃이 피어났다

세상은 잔잔한
호수인 줄 알았는데
폭풍우 몰아치는 바다였다

내 마음속에 자꾸만
보푸라기가 일었던
이유를 이제야 알겠다

오랜 시간이 지나야 보푸라기가
몸속으로 스며든다는 걸

귀가 순해지고 나서야 깨달았다

꽃 피는 봄날

80대 할아버지가
진료를 기다리는
병원 대기실에 앉아 있다

지팡이를 짚은 채
스웨터 차림으로
기대앉은 의자는
딱딱하고 무료하다

이목구비가 수려한 간호사가 다가와
"어르신 추우시죠~ 입으세요"하고
입고 왔던 패딩 점퍼를 입혀주었다

오른팔을 끼우다 말고
왼쪽 팔이 불편한 걸 보고
"에고 왼쪽부터 끼워야 되겠네요"

한 살짜리 아기 옷 입히듯
굳어버린 팔을 먼저 끼우고
소매 속에서 불편한 손을 꺼내 준다

차근차근 오른쪽 팔을 끼워주고
마스크까지 챙겨 와서 씌워준다

"에고 내가 쓰는 게 아니라서
위아래가 바뀌었네요"

위아래를 다시 바꿔서
마스크를 씌워주는
간호사의 손길에
온기가 묻어있다

할아버지의 얼굴은 연신 함박웃음이 떠나지 않는다
해맑은 아이의 미소가
가슴과 얼굴에 활짝 피어났다

간호사의 온기 때문이었을까
할아버지는 얼마 지나지 않아
딱딱한 의자에 앉은 채로
꾸벅꾸벅 졸기 시작했다

해죽해죽 웃으면서,
나비가 날아가는 꿈속을 따라가면서…

내 고향 압해도

1004의 섬 신안은
바다와 갯벌이 맨발로 달려 나와
반기는 내 고향이다

성큼 달려 나와
넓은 품을 열고
'오래 기다렸노라'
두 팔 벌려 안아 주는 곳

40년 전 노래하던 갈매기도
같은 목청으로 날고 있다

마을 입구 섬 조릿대 길섶은 여전한데

내가 살던 동네 뒷산은

외로움에 삭았는지
키가 많이 작아졌다

밀물과 썰물이
드나들던 뚝 방 길

한걸음에 달려가 안기던
엄마의 품도 사라진 지 오래다

맹꽁이 운동화 신고
동무들과 폴짝폴짝 재잘 거리며 걸었던
추억의 황톳길도
10분만 달리면 되는 아스팔트로 변했다

겨울이면 초가집 처마 끝마다
가난하고 소박한 꿈들이
주렁주렁 거꾸로 자라나 푸근했었는데
시린 갯바람이 마중 나와
텅 빈 고요만 풀어 놓았다

대문 밖,
양철 필통 쩔렁거리는 소리에
"엄마!" 외마디가
꼬맹이의 고향 압해도,
추억의 바닷가 갯벌 속으로
달려가고 있었다

먹고 사는 일

밥 한 끼 챙겨 먹는 일이
누군가에게는
고난일 수도 있다

밥 한 술 떠서
입으로 들어가기까지가
참으로 고단한 과정이었구나!

휠체어에 앉아서라도
내 손으로 밥을 떠먹을 수
있다는 건 축복이구나

누운 채 밥을 먹는 사람에겐
낮은 눈으로
내려다보아야만
밥그릇이 보인다

그래도 혼자
밥을 떠먹어야만 한다
그래야 살아갈 힘이 생긴다

힘겨운 삶이
눈가에 망울진다

살아 있다는 것은
고귀한 순간이기 때문이다

노점상

최성자

길을 가다가 노점상을 보면
나도 모르게 눈길이 머문다

내 나이 스물하고도 여덟에
처음으로 노점에 앉았었다

오이 농사를 지어
청과물 상회에 맡겼는데
형편없는 가격을 매기는 바람에
매일매일 낙심하던
어느 날 옆집 어르신께서
"새댁 나 따라서 노점이나 나가 보자"
"직거래면 더 잘 팔릴거야"

큰 챙모자를 둘러쓰고
어르신 따라 버스정류장 한켠에 앉아
바구니에 오이를 한가득 담았다

창피해서 고개도 못 들고
그저 오이만 바라보고 앉아 있으면
낯선 목소리가 들려왔다

오이 얼마에요?
5개 천 원이에요
몇 개 드려요?
옆집 어르신이 대신 대답해주었다

그땐 노점상을 단속할 때라
단속반이 보이면
후다닥 노점을 접고
단속반이 지나가길 기다렸다

그렇게
하루, 이틀, 사흘째 되던 날
부끄러움 삼키고 외쳤다
"오이 사세요~
방금 따와서 싱싱하고 좋아요!"

자신 있게 외치자
오이가 잘 팔려서 신이 났고
그 뒤로 매일 노점에 나가기 시작했고
물건이 없으면 청과물 상회에서
떼어다 팔았다

목구멍이 포도청이라고
먹고 살려고 자존심을 버렸더니
돈이 벌리기 시작했다

그때 노점상의 기억들이
나를 살린 팔 할이었다

곶감마을

호랑이보다 무섭다던 곶감의 전설을 알고 있다

내 고향은 곶감 마을이었다
가을이면 감나무마다 붉은 해가
온 마을을 감싸안았다

계절이 깊어 갈수록 집집마다 추녀 밑에
등불이 내 걸려
한밤중에도 온 마을이 환했다

학교에서 돌아오면
낮에 부모님이 따놓은 감을
숟가락을 들고 감꼭지를 따고
엄마와 동생은 껍질을 벗겨냈다

상처 난 감은 얇게 썰어 슬레이트 지붕 위에 널고
감 껍질은 지푸라기로 엮어서 빨랫줄에 걸었다
깎은 감은 아버지의 정성으로 만든 싸리나무에
10개씩 꿰어 곶감틀 위에 줄지어 매달렸다

자정이 넘도록 감은 줄어들 생각을 하지 않았고
졸린 눈으로 감꼭지를 따는
손마디가 아프기도 했지만 한겨울
달콤한 곶감을 떠올리며 꾹 참았다

그러나 우리 형제들은 곶감이 건조되기도 전에
맨 위 줄부터 하나씩 몰래 빼먹었고
곶감이 숙성되면 가운데는 곱게 빚은 후
양쪽 끝을 별 모양으로
싸리나무를 자르면 완성이 된다

항아리마다 한 접씩 담겨
팔려 나갈 때를 기다리던 곶감들,

지금도 내 기억 속에 달콤하고 쫀득한 그 맛은
겨울 내내 나를 고향의 처마 밑으로 안내한다

수변공원의 봄

남편 퇴근길에 마중 나가
김밥 두 줄, 빵 두 개, 환타 한 병을 사서
행구동 수변공원으로 봄소풍을 나갔다

보랏빛 제비꽃 노란 민들레가
줄지어 피어나
발밑을 간지럽히는 소리 들려왔다

동산에 오르니 진달래가 수줍은 듯 미소를 짓길래
한 잎 따서 입에 넣었더니
어릴 적 추억이 새록새록 소환되었다
고향 뒷동산에 동무들 노랫소리 들려오고
입술이 푸르도록 진달래로 배를 채우고
해저물녘, 노을 속으로 출렁이던 장성호가
눈앞에 그득했다

김밥 위에 제비꽃 두 송이

진달래꽃 두 송이 뿌려 놓으니

아아~ 여기가 무릉도원 아닌가

벚꽃나무 아래에서 먹는

김밥 한 줄에

연못가를 정답게 노니는 한 쌍의 원앙이

부럽지 않았다

비 오는 날, 아버지를 그리며

창밖 어둠 속으로
세차게 비가 내렸다
이렇게 비가 오는 날이면
당신 생각에 눈시울이 뜨겁다

평소에 콩을 좋아하셔서
비 오는 날 쇠죽을 쑤며
쇠바가지에 콩을 달달 볶아
나눠 주시던 모습이 눈에 선하다

장날이면
붕어빵 한 봉지 사 들고 돌아와
자식들 먹는 모습에 흐뭇해하시고
어떤 날은 번데기도 한 봉지 사오셨지요

새벽이면 꼴 한 짐 지고 돌아와
지게 위엔 찔레순, 진달래꽃 송이
나물이며 감자 고구마가 가득했지요

겨울이 오면 날마다 나무하러 나가는
그 부지런함에 '나무 많은 집'으로
동네 부러움을 사기도 했지요

긴긴 겨울 밤엔
아버지의 군대 이야기로 날이 새는 줄도 몰랐습니다
군대를 삼 년 다녀온 뒤 다시 일본으로
삼 년 징역살이를 떠나야 했던 지난날
거기서 배운 일본어로 자식들 이름도 불러주시고
"이찌, 니, 산, 시" 숫자도 가르쳐주시며
독립군가도 부르던 쉰 목소리가 귓가에 쟁쟁합니다
틈만 나면 달력 뒷장에
나비와 꽃을 그려 주시던 그 손길
지금도 그릴 수가 있습니다

고향집을 새로 지으며
식구가 많아 화장실 두 개를 만들어 놓고
그렇게도 뿌듯해하시던 그 모습도
잊을 수가 없습니다

명절이면 자식들이 언니집에 모두 모여 노는 모습을 흐뭇하게 바라보며
식구들 많다고 좋아하시던 당신,
조카들 이름 외우느라 신이 나 하시던 모습까지
이젠 그리운 추억이 되고 말았습니다

시장에서 장사할 때
"아버지 보고 싶어요 놀러 오세요" 말씀드리면
가게 근처 포장마차에서
소주 세 잔, 라면 한 그릇 드시곤
"너희 바쁘니 난 괜찮다"
함박웃음 지으시던 그 얼굴도 생각납니다

우리 집에 모셨을 때
한겨울 딸기가 맛있다며 좋아하셨고
고향에 가서 나무해야 한다며
지게만 찾으시던 아버지 때문에
밤마다 소리 없이 울었습니다

그리고 비가 억수로 쏟아지던 어느 새벽
말없이 먼 길 홀로 떠나셨지요
황급히 병원에 들렀을 때 큰 올케는
"형님 아버님이 아직도 따뜻하신데…"
말을 잇지 못하고
나는 두 손 잡고 눈물만 흘렸습니다

아버지의
마지막 모습을 보지 못한 게 슬펐지만
지금은 그 또한 다행이라 여깁니다

요즘도 비 오는 날이면
아버지가 자주 떠오릅니다
아버지, 잘 계시지요?
오늘은
유난히……
당신이 보고 싶습니다

함백산 만항재의 추억

구불구불 고한을 지나
정선과 영월이 맞닿은 길
차로 오를 수 있는 최고봉 함백산 1,330미터
만항재 하늘엔 커다란 풍차가
바람결 따라 몸을 맡기고
그 아래 천상의 화원,
야생화 천국이 펼쳐진다

이름 모를 꽃잎에 꿀을 빠는
나비 한 쌍, 몰래 사랑놀음
해 질 녘 태양은 구름과 숨바꼭질
노을이 물들 무렵, 손톱만 한
초승달이 소녀처럼 수줍게 웃는다

등불 아래 모여 앉아
자작시를 낭송하는 이들
벌레들조차 부러운지
풀숲에서 합창을 시작한다

만항재의 밤은 깊어 가고
추억의 끈을 슬며시 접으며
아쉬운 마음 안고 발길을 돌린다

상실의 시간

김파란

그가 입고 있는 옷은 다 찢겨나간 걸레나 바람에 나부끼는 낡은 깃발 같았다
절뚝이며 걷는 그의 뒷모습은 얼마 안 가서 땅속으로 빨려 들어갈 듯 휘청였다
공원을 한 바퀴도 못 돌고 기우뚱한 모습으로 숨을 몰아쉬고 있다
그는 병자였다 어디가 아픈지도 모르는 그는 가는 호흡 밖으로 삐져나오는
위장 썩은 듯한 냄새를 맡지 못하는 듯했다
겉모습만 보아도 알 수 있는데 어디가 아픈지 자신만 몰랐다
가슴이라도 치며 울부짖는 게 차라리 나을 뻔했다
꾹 참고 숨을 몰아쉬는 게 고통스러울 뿐이었다
가슴은 열기에 부풀었다가 찬 기운에 쪼그라드는 찐빵 같았다
세상에 혼자 남겨진 슬픔이 그토록 아픈 것일까

그가 바라보는 눈 속에 그녀가 있다

그녀는 칼칼한 음색에 강인한 잡초 같은 여자였다

그녀 자신도 예민하고 강하다는 것을 알고 있었다

정신 차리라고 말하는 순간 한 줌의 재로 풀썩 날아갈까 그저 바라보기만 보았다

말 못 하고 견디기만 하는 사람을 바라본다는 건 비슷한 슬픔을 겪는 일이다

차라리 말로 할 수 없는 말까지 지껄이는 것이 낫다

말하다 보면 눈앞에 어둠이 얼마나 낯설고 이상한 일인지 보이기 마련이다

아픈 것도 자꾸 들여다보다 보면 죽을 만큼 아픈 것이 아니라는 걸 알게 된다

그는 그 후로도 한참 동안 말없이 다리를 번갈아 가며 절뚝이며 살았다

그녀는 아무도 없는 곳을 찾아다니며 눈물을 훔치며

그와 함께 아픈 시간을 목구멍으로 삼켰다 아주 잠깐동안

팔베개

아무 말 없이 그에게
얼굴을 파묻고
가슴을 맞대고 있으면
내 세포에 닥지닥지 붙어있던
슬픔이 옮겨간다
가라는 말을 하지 않았는데
숨결에 리듬을 맞추어
눈물이 몸에서 빠져나가
고요한 그의 심장으로
흘러 들어간다
슬픔이 눈물을 데리고 가는
때는 봄이 끝나가는 길목이다

전쟁같이 요란하던 봄이
태양만 생동하는
뜨거운 여름으로 바뀔 때다
불어오는 바람이 사랑스레
산어깨의 초록을 흔들 때다
겨울부터 환생의 봄까지
폐포에 켜켜이 쌓인 울분이
아주 떠날 채비를 했다
나는 울음을 참으며
머리를 받치고 있던
그의 팔을 끌어당겨
더 가까이
가슴으로 눕는다

탁란의 계절

벙어리 뻐꾸기 무리 지어
거친 숨을 몰아쉰다
아프리카 2만km 끝없는 허공에
자그마한 몸짓을 매달고
목숨을 건 투쟁 끝이 났다
암컷 뻐꾸기 한 마리
어미 새가 비운 둥지에
힘겨운 몸부림으로 알을 낳는다
사랑을 낳고 새끼를 낳고
희망을 낳고 길고 긴 여정을 낳는다
어미 새에게 아기를 맡기고
좋은 보모가 되어달라 부탁한다

자식 잃은 벙어리 순례자

하늘을 쳐다보며

탁란의 계절을 알린다

보보보보

보고 싶다 보고 싶다

사랑한다 사랑한다

우리 아기

시작은 광합성이다

햇빛 아래 앉았다

소음만 살아 움직이는 긴 침묵 속에서
말로 뱉어버릴 수 없는 절망 속에서
즐거워 보이는 사람들 속에서

슬그머니 찾아온 고독이
살아 있는 것처럼 보이기 위해
홀로 햇빛 아래 앉았다

꽃을 피우기 전에 잎을 틔워야 하는
비곤한 사과나무처럼
어둠 속에 갇힌 나를 찾아서

그 누구의 동경도 필요치 않은
나만을 위한 나만의 꽃을 피우려고
홀로 햇빛 아래 앉았다

등이 뜨거워진다
젖은 발등이 말라간다

대한민국의 봄
 - 탄핵의 끝

그대가 뒤덮은
빛을 잃은 들판에

부서질 듯한 어린 새잎이
조심스레 움트고 있습니다

어제의 그림자
한낱 바람처럼 스러지니,

착잡한 심정으로
나는 이별을 고합니다

다시 올 사람은
그저 사랑이었으면 좋겠습니다

기다림

박여롬

심연 깊은 곳에
한 점 이유를 찾아내려니
우연인 듯 사건이 일어났다
질겅질겅 쓴 물이 나고
삼키지 못하고 우물우물 줄곧 머금었다

오묘하더라
시간이 필요했더라
그를 용납하기까지
자갈길에서 느린 걸음으로
휘청이며 거친 돌을 밟았다
교만을 길어 내고
어리석음을 길어 냈다

기도와 함께
평온의 부드러운 물살이
서서히 다가왔다
회복은 스르르르 녹듯 풀어지듯

시골 교회당

마을 길옆에 자리 잡았다
인적은 어디메 있는지
누구의 그림자 하나 스치지 않았다
밭들에는 옥수수도 심겼고
감자랑 파랑 배추가 보인다

교회당으로 들어서니
단정하고 정갈한 손길은 어디 하나
빈틈없이 성실하였다
경건한 마음으로 기도를 드렸다
순해진 마음으로 그냥 말없이
한참을 앉아 있었다

만민이 기도하는 집이라는
의미가 오래도록 되새겨졌다
누구나 자유로이 들고 나며
기도할 수 있다면
세상은 좀 더 순화되고
독소가 빠져나갔을 것이다

누구나 시시로
마음을 토하는 자리가 있어야 한다
시골 교회당이 그런 곳이면 좋겠다

시간을 말한다

자꾸만 동구 밖으로 얼굴을 내밀었다
기다림은 아이같이 보챘다
담장 울타리에 어김없이
개나리가 피고 명자꽃이 피었다
빨강 노랑이 어우러져 사랑꾼들 같았다

담장 안으로 바닥에 보라색 제비꽃이
한 줄 행렬로 탐스러이 피었다
꽃들이 오고 가는 길
시간을 어기지 않는 길이다
그럼에도 그 길을 서성이며 기다렸다

노랑 빨강 보라
흐드러지게 무리 지어 신비한 색감을
내었으니 가까이서 세밀한 눈을 뜨고
작은 탄성을 받쳤다
만남의 힘으로 철을 알고 철이 든다
혼신의 마음을 일으킨다
일찍 시작한 하루가 피어나고
지는 시간까지 물감통을 놓지 않았다
덕분에 깊은 잠을 잤다

미니장미의 나날

올해 봄은 추웠다
무더위가 오고 보니 봄을 찾아
꽃들의 시간이 늦추어지는
기이한 행렬을 만난다

붉은 큰 장미가 피었다
미니장미도 피었다
붉은 찔레가 같이 피어 꽃 숲이 되었다
서로의 자리에서 알맞게 조화를 이루어
올해 더욱 세력을 키웠다

그중에서도 미니장미를 탑으로 뽑았다
난 네가 참 좋아
가지 끝마다 몽글몽글 봉오리를
매달아 한 송이씩 펼치니 몇 날
긴긴날을 눈 맞추며 즐거웠다

작은 일 소소한 일들을
방실거리는 나이가 되었다
그런 나날이 울컥 감사하다

고마운 일이다

서로 바쁘게 지내다 오랜만에
만나서 반기는 밝은 인사는
푸른 기운 도는 웃음이었다

단련 받으며 살아가는 이야기들
굴곡진 길목을 어찌어찌 지나고
한시름 놓았는데 생은 또다시
널을 뛰고 호된 고초를 받는다
특별 대우라고 말하기가 민구스럽더니
그 너머에 있을 잘 되는 이야기가
살짝 들추어 보이는 그를 보았다

우리가 만나서 좋고 위로가 되고
힘이 되었다니 참 고마운 일이다
만남이 주고 간 기름진 시간이었다
보고 싶었던 마음은 봄 햇살처럼
우리의 등짝을 따뜻이 데워주었다

봄을 알리는 환생

정든역

처마 끝, 마지막 고드름 줄기에 낙수가 떨어지고 있다

어디선가 품어져 나온 봄의 향기는
바람길 따라 앞다투어 고개 내밀고
광대꽃도 방긋 웃는다

가슴에 손수건을 달고 초등학교에 입학하던 날
핑크빛 향기로 웃어주던 진달래꽃이 생각났다

삼대독자 늦둥이 아들도
고등학생이 되고 보니
해마다 오는 봄이 날마다 새롭다

나에겐 언감생심

칠흑 같은 밤바다 유리알 같은 파도 소리

원주에서 고흥으로
해삼을 싹쓸이하러 간다

근육이 좋은 동생을 데리고
갑옷 입은 해삼 잡으러 밤바다로 향한다
아프던 몸은 온데간데없고
귀신보다 더 날렵하게 양동이에 넘쳐나도록 담고 싶었다

하늘에 계신 아버지 해삼 좀 많이 주세요
내 눈엔 엉금엉금 기어가는 고둥과
차디찬 바람만이 볼을 때릴 뿐이었다

앞으로 마음 비우며 살라는 하늘의 계시인가
욕심만큼 해삼은 잡히지 않고
고둥도 드믄드믄 마음은
낙지라도 실컷 잡고 싶은데
어둠만 실컷 채워 넣고 말았다

수국꽃

늦둥이가 벌써
제 인생을 살고 있다

비바람도 가슴속 곪아 터진 마음도
아이들을 보며 한 걸음 두 걸음 불을 밝힌다

육십 고개를 넘어 다시 피기를 기다리는 수국처럼
남은 인생 타들어 가는 장작불 같은 인생
온몸을 던져 불태우고 있다

먼 훗날 내 삶의 흔적이
늦둥이의 기억 속에 남아 있을 수 있을까
시원한 바람 한 점에 마음을 실어본다

초연

기다리지 않아도 기다림은 온다
너를 흔들어 깨워 알리듯
아스팔트 위로 도리깨질하듯
봄비가 쏟아지고 있다

만물의 시작종이 울리는 언덕 너머
마지막 겨울의 칼바람에도 그리움은 온다

스쳐 지나가는 바람이
노란 동백꽃을 피우고 나면
나도 꽃향기 되어 너에게로 갈 수 있겠지

십이월의 순백 꽃

하늘을 맞닿은 하얀 집
눈부신 햇살
서린 혼백이 꽃으로 피었네

누구 하나 찾는 이 없어도
외로운 순백 꽃은 어김없이 피어나
달이 가고 해가 가도
그 자리에 피어나네

심장

구삼숙

아파트 거실 스피커에서 정기적인
전기 점검을 한다는 방송이 흘러나왔다
덩치 큰 콘크리트 덩어리도 세월을
비켜 갈 수는 없으리라
가슴을 열고 청진기를 들이댔다
쿵쾅쿵쾅~!!
심장이 널뛰기를 한다
골조 곳곳이 녹슬어 부식되어 가고 있는
늙은 아파트 사이로
골바람이 숭숭 스며든다
언제나 멀쩡한 듯 가족을 위해 열심히
살아온 튼튼한 거목도 고희를 바라보며
시름시름 앓기 시작했다
병원도 약도 필요 없고
오로지 내 아집만이 전부였던 사람,
나이를 먹는다는 건
세월 앞에 조금씩 부서져 가는 바위같다

철옹성 같은 사람이

절벽 위에서 무너져 내릴 때는 한순간

파도에 휩쓸려가는 모래알같다

아무렇지 않게 묵묵히

지켜온 시간들이 영혼의 부유물이 되어

말없이 떠다닐 때

난파된 파도는 물거품을 뿜어낸다

그의 손을 잡는다

세상 것들이 모두 부서지고 나서야

나를 내려놓는 사람

파도가 몰아치는

바닷가 절벽을 마주 보며 그를 위로했다

그를 향한 위로가 나의 위로가 되어 되돌아왔다

크고 작은 포말들이 끊임없이 발끝을 간지럽힌다

그 순간, 발가락이 꿈틀거렸다

심장도 꿈틀거렸다

다시 아파트에 전기가 환하게 들어오며
가전제품들이 기지개를 켰다
보이지 않는 심장들이 살아났다
부실한 몸뚱이도
물 만난 물고기처럼 팔딱거렸다

홀딱 벗고 우는 새

은행나무 집 마당은 할머니도 흰돌이도
겨우내 마실 떠나 돌아오지 않고 고요한 적막만 흐른다
앞마당엔 할머니가 시집와서 심어놓은 커다란 은행나무와
벚나무가 팔십 년 세월을 지키고 서 있다
울타리 밖에 장승처럼 서 있던 벚꽃 흐드러지게 피던 날
까치가 요란스럽게 울어댔다
오늘은 할머니와 흰돌이가 돌아 오려나?
골 바람이 스쳐 지나 간 자리에는
반가운 손님 대신 먹구름이 몰려와
할머니와 흰돌이의 분신인듯
벚꽃같은 흰 눈이 집안 곳곳을 한참이나 어루 만지다가
연둣빛 잎새가 양철 지붕 위에서 발 도장을 찍던 날
밤낮없이 홀딱 벗고 새가 울어대기 시작했다

홀딱 벗고~

홀딱 벗고~

왔어?

왔어?

한참을 물어보는 검은등뻐꾸기에게

차마 안 왔단 소리는 하지 못하고

여름이 벌써 왔네 벌써 왔어

들릴 듯 말 듯 음표를 늘였다 줄였다

대답하며 걸어가는데

반갑지 않은 멧비둘기 소리에

가슴이 철렁 내려앉았다

할머니와 흰돌이는 끝내 돌아오지 않았다

스프링쿨러

꿀럭 꿀럭
수도꼭지에 달린
길다란 호수,
담고 있던 물을
돌돌 말린 호수 밖으로 밀어낸다

이리저리 아나콘다처럼 몸을 비틀다
여러 갈래로 뿜어져 나오는 물줄기는
여린 모종에 생채기를 내고

한바탕 더 출렁출렁
몸을 비틀고 튀어 올라
다른 고랑으로 넘어가
팔딱이다 이내 잠잠해진다

그 순간 휴대폰 너머로 들려오는 감미로운 목소리가
호수 속으로 파고들었다

부드럽고 나긋나긋한 음색을 기억하는 순간 뜨거운 봇물이
수맥을 찾은 듯 솟구쳐 올랐다

오늘 치솟는 물의 맥박은
과거로부터 온 희망이다

고인 물을 시원하게
내뿜고 말랑해져 가는 호수,

비에 젖은 고양이
냐옹~ 하며 짝을 찾고
어둠은 소리 없이
그 곁을 지나간다

붉은 나이테

달달하고 뭉근한 사십이란 나이는
흐드러지게 피다
묵직한 바람결에
짙은 향기를 내뿜는
라일락 꽃을 닮았다
꿀처럼 달달한
기억을 소환해 양파껍질 벗기듯 하나씩 벗겨내면
어디선가 꿀벌 한 마리
날아와 말을 건넨다
그렇게
꽃잎을 핥다 보면
온몸에 붉은 열꽃이 피고 정수리에서
달콤한 꿀물이 흘러나온다
한번 빠지면 도저히
빠져나올 수 없는 파리지옥처럼
이 순간만큼은 빠져나오고 싶지 않다

누군가의 먹이가 될지언정
끝내고 싶지 않은 달콤한 유혹에
허기진 배를 채우고 만다
초야를 치른 그날처럼
온몸에 열꽃 같은 신음소리가 밤새
온몸으로 녹아내린다
그러다 잠을 깨면 이곳이 천국인 듯
머리를 쓰다듬고 있는
따스한 손길
가슴을 풀어헤친 그녀의 두둑한
젖가슴엔 아직도 달달하고 뭉근한
오월의 향기가 난다

거울을 보듯

"세월 가는 줄 모르고
형님을 만나고 왔네"

형님을 만나고
내려오던 날
남자는 시인이 된 듯 말했다

거목이 쓰러지던 날
그의 표정도 감정도
모두 빼앗아 가 버렸는지
언니의 남자는 무표정했다

피골이 상접한 남자는 한참 만에 오래전
옛 동서를 알아본 듯했다

미동도 하지 않던 얼굴이 한순간 일그러지더니
메마른 웅덩이에 물이
솟아나듯 마음이 꿈틀거렸다

두 사람은
지난 세월 잃어버렸던 서로의 모습을
거울처럼 마주 보며 찾고 있었다

십 년이면
강산도 변한다는데
강산이 두 번도 훨씬
지나 만난 인연이라니

돌아서서 내려오는 내내
야속한 인연에 울고
쓰러진 고목의 초라한 모습 때문에
설움이 복받쳐 울었다

"형님한테 다녀오길 잘했다"
오늘따라
앞서 걸어가는 남자의 어깨가 처음으로
태산처럼 크게 느껴졌다

그날 그 시간

최경화

당신이 눈을 감던 날
창가로 보이는 개나리는 유난히도
노랗게 빛을 발하고 있었어요

눈 부신 햇살이 한몫하는데
이제 나는 누구를 의지하며 살아가야 할지
묵묵히 침묵만 흘렸어요

침묵 속에 보이는 나비 한 마리는
개나리를 친구 삼아 연신 날갯짓을 하며
춤을 추고 있는데 난 짝을 잃어버린
나비가 되어
시간의 흐름마저 정지된 곳에 머물러 있어요

그렇게 삼 년이 지나고
이제는 세상과 동행하며
그때 그 날갯짓을 하던 자유로운
나비가 되어 먼 세상을 향해
훨훨 날아가렵니다

간절한 기도

주님 언제 어디서라도
내 생각에 귀 기울여 주시니
감사드립니다

험한 길 가다가
어둠 속에 갇혀 있더라도
빛으로 저를 바로 인도해주시니
감사드립니다

당신이 주시는
그 깊은 사랑을
무엇에 비길 수 있을까요

언제나 가슴으로 깨닫게 도와주시고
말씀으로 당신을 선포하게 하시는
주님

언제나 당신의 부르심에
응답할 수 있는 그런 사람이 되게 하소서

아가

반짝이는 두 눈이 별 같구나
살랑살랑 움직이는 두 손이
목화솜 같구나

시소게임을 하듯
쉬지 않고 움직이는 발은 끝없는
희망을 쏳고 있는 것 같구나

모든 생명들이
깊은 잠에서 깨어나
힘찬 에너지를 주듯

너는 별에서 온
우리들의 희망이 되었구나

너를 보는 것만으로도

벅차고 기쁘다

사랑한다

늘 건강하게만 자라다오

기억 속의 행복

초록빛 하늘 아래
봄꽃들이 사랑스럽게
빛나고 있구나

얘들아 너흰 어찌
그곳에 머무는 인연이 되었느냐

누구의 간섭도 없고
계절 속의 멋을 품은 채
자유를 누리는 꽃이 되었느냐

눈빛 마주치며 인사하고
서로의 안부를 물으면서
향기를 전해주니 고맙구나

다시 태어나도
그 자리에 그렇게 눈뜨고 있겠구나

바람과 구름으로
자유로운 기억 속을 이어가는
초록빛 세상,
꽃 그림자를 만들고 말겠구나

당신 아버지 곁으로

용서보다 더 큰 사랑은 없다
네가 어떤 죄를 짓더라도
하느님께서는 자비로 기다리고 계신다

실수와 죄를 통해
더 큰 사랑을 베푸신다
우리를 이리 예비시켜 놓으셨다

그러니 어찌 그 길을 피해 갈 수 있을까
매만 주시는 분이 아니고
매를 통해 우리들의 부족함을
일깨워 주신다

우리가 이 세상에 오고 싶어서
온 자가 얼마나 될까
그저 흘러가는 인연 속에서
맺어진 열매이거늘

그 열매가 맺기까지는
수많은 세월의 과정들을 거쳐야 하지 않던가

다이아몬드가 불에 달구어져
아름다운 보석이 되듯이
하느님 앞에 아름다운 우리는
결국 그분의 작품인 것을

모든 것은 다 내 탓이려니
어떠한 것도 용서하는 마음으로
다시 시작해야 한다

하느님은
육신의 아버지를 통해
우리가 이 땅에 오지 않았던가

이 세상의 공허는 무엇으로도 채울 수 없다

몸이 아플지라도 모는 것

다 잊어버리고

용서와 화해의 반복으로 평정의 사랑을 나누어야 한다

지금껏 함께 해온 시간들은

당신을 너무 잘 알고 있었기 때문이었으니

떠나보내는 시작을

하느님의 섭리에 맡기며

이 길이 최선의 길이라 믿는다

용서보다 더 큰 사랑은 없다는

하느님의 말씀 속에서

고이 잠드소서

아버지여 나의 아버지여!

빼기의 미학

한상대

N브랜드 빵봉지에 써있다
아임 낫 브랜드
품질만 빼고 다 뺐어요

빵을 쏙 빼 먹고
비닐봉지를 휴지통에 버리며
속에 있던 말 한마디 같이 버렸다
"넌 쓰레기야!!"

마음속 휴지통이 비워졌다

길 건너 헬스클럽에도
구호 적힌 배너가 세워졌다

'뼈만 빼고 다 빼 드림'

회원님들 바라는 건
'가격도 빼 드림'

헬조선

대한민국을 헬조선이라고 말하는 사람은
스스로 악마가 아닌가 생각해 보아야 합니다

지옥에 악마가 산다잖습니까
악마한텐 지옥이 천국이겠지요

감옥 정도로만 해두시죠
생각에 갇힌 사람도 囚人입니다

천사는 실수로 지옥에 발을 디뎌도
물이 포도주가 되듯
천국으로 변할 겁니다

헤븐조선이라 말하는 순간
천사가 될 수 있습니다

원하는 것은 얻을 수 있고
뜻하는 것은 될 수가 있는

아아 대한민국
아아 헤븐조선

소란한 물고기

햇살이 볼록렌즈가 되어 정수리를 겨냥한다
땀 한 방울이
목덜미를 간질이며 흘러내렸다

담임 선생님은
첫사랑 스토리로 시간을 삭제하는 마술을 보여주셨는데

교장은 '에… 또 그러니까 다시 말해서 마지막으로'가
들어간 훈시로 흙먼지 풀썩이는 운동장 위에
학생 몇을 죄책감 없이 쓰러뜨렸다

머리 위에서 도돌이표 붙은 간판이 아우성친다
시끄러운 독백이 펄럭였다

보도블럭 위엔 소중한 게 없는 줄 알면서도
고개를 숙이고 걷는다

다방의 텔레비전 아래
탁한 수족관에서는 입 큰 물고기가 여전히 시끄럽다

셀프 위로 自慰

어떡하면 외로움이 사라질까요?
AI는 모과 닮은 처방을 내주었다
고대 그리스 의사가
시를 처방했다는 말이 기억났다
외로울 땐
뒤돌아 자신의 발자국을 보며 걸었다는 시인처럼,
소리 내어 시를 읽고
내가 들었다
욕이 섞인 구절은 큰 소리로 읽었다
우물을 내려다본 시인처럼
거울 앞에서 춤을 추며 헛웃음을 웃었다
글쓰기를 처방하고
음악 듣기를 곁들인
SNS 포스팅을 했다

소울푸드 매운 라면을 처방하고
파 송송 계란 탁 대신 청양고추를 넣었다
눈물 대신 땀이 났다
셀프 허그를 하고 내 머리를 쓰다듬었다
셀프 학대라는 느낌이 들었다
마이너스 통장에서 용돈 통장으로
한 달 치 용돈을 이체했다
금융 처방으로 증상이 사라졌다
외로움 비워진 텅장에
박탈감이 가득 찼다

댄싱*dancing

자전거를 처음 배울 때
넘어지려는 방향으로 핸들을 틀었지

댄싱을 할 때도
내려가는 페달 쪽으로 몸을 기울여 체중을 싣고
팔은 반대편으로 밀어야 균형이 잡혔어

바람을 마주 보고 달릴 땐
길가의 꽃들도 뒤돌아서서
온몸을 흔들며 날 응원했어

바람을 등지고 달리면
꽃들도 다 같이 등을 돌렸지

내 힘으로 오르는 언덕길에서만
춤이 될 수 있었던 거야

* 댄싱 : 사이클링할 때 안장에서 엉덩이를 떼고 일어서서 페달링하는 것. 춤추는 자세와 흡사하여 불리는 이름

아름다운 기억

이우수

눈앞에 들어온다
장인의 손길인가, 정교하다
생을 버텨온 이름이
적혀있을지도 모른다

위아래로 정갈하고
미세한 주름 사이로
앎을 일궈 낼 기억들이
새겨졌을지도 모른다

오랫동안 눈여겨 보아왔던 아름다움을
지문처럼 새겨넣고
나다운 숨결을 불어넣는다

눈앞에서
자연스레 지나치던
저 나무껍질,
오늘은 나를 보고 웃었다

피의 방향으로

바다를 품은 땅이 움직인다
큰일이 난 게 분명하다

"국정의 시간이 다시 움직이고 있다"
"대표님이 직접 움직이십니다"

나는 출근하는게 이니라
나는 걸어가는게 아니라
나는 운동하는게 아니라
나는 여행가는게 아니라

그냥 움직이는 것이다

피를 쏟고 있을 누구와
피를 쏟았던 그대들에게 배운
지금의 나는, 여전히
하루를 살아간다

그것이 우리의 숙명인가

피는 찾아가는
우리의 열정은 누군가에겐
공감하고, 감사하고, 재미있고,
사랑하는 시간이다

정해진 방향 말고
온전히 내 피가 움직이는 열정을 따라
한 발짝 내딛는다

잔잔하고 싶다

30년을 쉬지 않고 흘러온 강물이다

누군가의 피를 씻고
블라디보스토크에서, 하얼빈에서
폴라베어의 영역싸움에 빛나는 혈흔을 안고
잔잔하게 흐르는 저 강물이 되어
해빙의 검은 물을 뒤집어 쓰더라도
나는 후회하지 않으리라

평화로운 계절을 지나
남북을 넘나들며
미국에서 왔다고 해도
잔잔한 저 강물을 볼 수 있다면
비바람을 두 손에 꼭 쥔 채
당당하게 걸어가야 하리라

핸드폰은 집에 두고 집 밖을 나선다
잔잔히 흐르는 강물에게서 무엇을
들어야 할까

"한 번도 쉬어본 적 없어, 꾸준히 흐르다가
언젠가 비바람을 만나게 되면, 그때
너를 찾아갈 거야"

푸른 들판 끝까지 가 보는 거야

푸른 들판 위로
켜켜이 쌓여있는 키워드를 한참 동안 응시했다

키워드탑 하나에
말주먹이 빠르게 왔다 갔다 했다
결코 부딪치지 않았다

그곳에 들어가
익명의 댓글을 달았다
문을 닫고 나오기 전에
창밖으로 보이는 푸른 들판을 보았다

탑의 내부는 푸른 들판보다 더 아름다웠다
착하고 여리고 순수했다

펜을 내려놓았다
그리고 창문 앞으로 다가갔다

"멋있는 캐릭터와 전장을 나가보세요!"
"이성을 만날 수 있는 술집으로 오세요!"

푸른 들판 한가운데 유혹의 카드가 등장했다
순간, 머리가 혼란스러웠지만
앞으로 나아갔다

끝없이 펼쳐진 사막이 나타나고
한순간 오아시스가 나타났다

그곳에 진짜 아름다운 누군가가
나를 기다리고 있었다

잠은 빌려올 수 없다

1이라는 완성품을 온전히 이해하기란 어렵다
이해하고 기다려보고 지나쳐보고 들어보고 겪어보며
쌓은, 0.65, 0.887, 0.194, 0.598……

수많은 일들을 곱씹어 봐도
결국, 0.298837277788886655……

1.0을 넘으려면
100세는 되어야 하는 걸까

눈보다 멀리 있는
만에 하나 가까이 있을 벼락부자는,
셋에 하나 살고 있을 아파트는
둘에 하나 가지고 있을 차는
열에 열은 가지고 있을 스마트폰은

나의 하루를 빌려온다

8766 9987 7761 1299, 27/05

아마도 누군가 나를 이용해
1인분의 밥을 해 먹고 있을지 모를 일이다
다른 누군가가 알려준다

이제 내 차례다
눈앞에 보여질
내 안의 하나를 꺼내본다

내가 자는 모습을 내가 본다
죽었는지 살았는지는 모르겠다
여기가 어딘가

아직 살아있다면, 일에 치이고
보상으로 잠을 청하는 거라면
꿈만 꿀 일이 남았다

눈을 감은 채 느낄 일만 남았다

고향집이 그리워

손재연

학교 갔다 돌아오면
강아지가 깡충깡충 뛰어나와 반기던
고향집에 찾아왔는데
마당에 무성하던 나무도 사라지고
집도 사라져 허전하기 그지 없다

아침마다 새들이 날아와 노래하던
그 풍경은 어디로 가고
가슴에 남은 기억들만 또르르
발자국 따라 굴러간다

언제 다시 찾을 수 있을까
가슴 속에 쌓인 그리움만
마당가에 놓고 간다

봄비

봄비가 소르륵소르륵
어여쁘게 내리네
텃밭의 고추와 양파들이
싱글벙글 웃고 있네

봄비가 봄비가
밤새도록 소르륵소르륵
감나무 밤나무 잎새를 적시며
춤을 추네

봄비는
생명을 춤추게 하는 요술쟁인가 보다

제비

봄바람과 함께 제비가 집을 짓고 있다
처마 밑에 터를 잡고 어디서 물어 오는지
부지런히 들락거리며 사흘 만에 집을 완성했다

금슬 좋은 제비 한 쌍 새집에 들어앉아
지지배배 지지배배 서로 소통하며
명당 자리 잡았다고 신나게 춤을 춘다

며칠 후 새끼 제비 네 마리 알에서 깨어 나와
작고 어여쁜 주둥이를 벌리며
엄마 아빠 날라주는 먹이를 받아먹는다

그 모습 아름다워 한참을 바라보다
하루해가 저무는 줄 모르고
자식들 어린 시절을 회상한다

뻐꾸기는 운다

늦은 밤 소나무 가지에 앉아
슬피 우는 뻐꾸기
누굴 기다리는지 밤새 잠도 자지 않고 운다

뻐꾸기 울음 소리따라 내 마음도
뻐꾹 뻐꾹
띠나간 님 그리며 밤을 지새운다

개미들의 소풍

개미들이 줄지어 나들이를 간다
여왕개미 앞장서고
일개미가 따라간다

비가 오려나
지진이 나려나
햇살 좋은 날, 이사를 가는
개미들 흔적 따라 하루가 저물고
내 나이도 저문다

행복도 슬픔도 잠시

이루나

고속도로의 하얀 선들은 곧으면서 끝이 없다
그 선을 따라 달리는 수많은 사람들은
흔들림 없이 달려야만 했다
조금이라도 선 이탈 하면 위험한 순간이 올 테니까

그렇게 한참을 달려왔는데
나는 다시 제 자리로 돌아왔다
열심히 액셀 밟고 곧게 달렸는데
돌고 돌아 원자리로 돌려놨을까!

웃는 게 웃는 것이 아니다
따뜻한 햇살이 내 볼을 어루만지며
울고 있는 나에게 위로 해준다
가셔지지 않는 아픔을 달래주듯
바람도 살며시 다가와 포옹해준다

살아가는 동안 어찌 순탄한 길만 있으랴
이 방황마저 즐겨야 한다
행복은 회전하는 표지등처럼 왔다가
금방 사라진다는 사실을…
슬픔도 잠시 개울가에 머물다 가는 물안개처럼
금방 사라질 것이다

마음의 모든 아픔을 토해내고
현실에 절감하며
나는 나를 지배하고 싶다
행복도 슬픔도 내가 나를 지배해야 한다
모든 것을 결정하는 순간은 바로 자신의 생각이다
내가 나를 지배 해야 한다

인생의 반전

어려서부터
혼자가 익숙했고,
의지할 사람 하나 없이
모든 것을 혼자서 헤쳐 나가야만 했다

그렇게, 무엇이 두려웠는지,
악착같이 살아온 내 인생은
결국 허망하게 끝나버린 듯했다

이제 나는,
욕심 없이, 그저 물 위에 떠다니는 거품처럼
고요하게 살아가고 싶었다

그러던 어느 날,
내 삶에 작은 물결이 일었다
그 물결은 조용하면서도
쉽게 가시지 않는 힘으로
나를 일깨워, 앞으로 나아가게 했다

처음엔,
이 또한 잠시 사라질 작은 파장이라 여겼다
잔잔한 호수에 일어난
작은 파문에 불과할 거라고

하지만 이제,
그 물결이 일렁이며
내 마음을 바다로 바꿔 놓았다
뜨거운 바다가
내 눈망울에 드리워진 것 같다

기웃거리는 마음

내 마음은 문장이 되기 전에 늘 숨이 차곤해
글자 몇 개 짚기도 벅찰 때가 많아

하지만 너의 집 짓는 모습을 보며
문득, 나도 망치 하나 쥐고 싶어졌어

기둥이 휘청일 땐 옆에서 받쳐주고
서까래가 흔들릴 땐 조용히 손 얹고 싶었지

네가 그 집에
기억을 걸고, 마음을 눕히고,
고백을 묻는 걸 보면서
그 안에 머물고 싶은 마음이 간절해진다

나는 네가 지은 시의 집을
조용히 기웃대는 행인이고
언젠가, 그 문 앞에 슬그머니 신발을 벗고
들어가고 싶은 사람일지도 몰라

내가 지을 수 있다면
너의 마음을 포근히 안아 줄 수 있는
작고도 깊은 방 하나쯤은
짓고 싶어

너의 추억이 머물 자리에
내 생각도 얹히길 바래
너의 문장 사이에
내 감정도 묻히길 바래

나는 다 품을 수 없어도
널 위해 다 비워둘 수 있는 집이
되고 싶다

내가 공허한 이유

사람의 마음속엔 몇 개의 방이 있을까?
부모의 사랑을 담을 수 있는 방
사랑하는 사람을 담을 수 있는 방,
친구의 마음이 담길 수 있는 방이 있다
사회생활에 적응하면서 채워지는 방도 있고
자식이 생겨서 행복해지는 방도 있다
하나가 모두를 채워 줄 수 있는 방은 없다

내가 방문을 열고 들어섰을 때
채워져 있는 방은 몇 개나 될까?
어떤 순간 내 마음이 허전할 때
나에게 채워질 수 있는 방은 몇 개나 될까!

너도 알고 있니 그 말을

나는 입버릇처럼 하는 말이 있다
누가 괜찮냐고 물어보면
늘 괜찮다고 말한다
괜찮다고 말하고 나면 괜찮은 줄 알았다
그 시간, 그 상황이 지나면 괜찮아질 거라고
하지만 변하는 건 하나도 없었다
그 시간, 그 장소 그 상황 아픔들이
잠시 멈춰 있는 것이다
하나도 안 괜찮은데
늘 괜찮다고 말하는 내가 거짓말쟁이 같다
자꾸 아프다
괜찮다는 것은 어쩌면 아프다는 말이기도 하다

오해 1

이정표

모처럼 친정 나들이에
혼자 사시는 어머니 묵은 살림
치우고 정리하다 허리를 삐끗했다

동생이 놓고 간 등산용 스틱을 딛고
근처 한의원 침 맞으러 나서는데
아참참! 여기는 말 많고 탈 많은 내 고향
나인 줄 알아보고 억측할 인물들 걱정에
멋 내기용 새까만 안경으로 변장을 했다

욱신거리는 통증에 걸음이 떨렸다
빨간불 깜박이며 신호대기 끝나갈 쯤
젊고 건강한 웬 청년이 내 팔을 붙든다
"앞도 못 보시는데 도와주시는 분도 없이…"

그날
아름다운 청년의 보살핌 속
작대기 끝에 박힌 쇠붙이 딱딱 소리 내며
병원 앞까지 더듬고 따라가는 척하느라
식겁했었다

오해 2

서울에서 동창 모임 있던 날
강변역에서 지하철을 탔다

금요일 오후 전철은 북새통이었지만
분홍색 임산부석은 텅 비어 있었다

노약자석에 앉아 계시던 신사분께서
나를 지목하며 큰 소리로 외쳤다
"홑몸도 아닌 것 같은데 얼른 이리 와 앉으시오"

한껏 차려입은 얼뜨기
차마 살이 쪄 이렇노라 말할 수 없어
종각역까지 아이 밴 여자가 되어
핑크빛 미소 머금고 편히 앉아서 갔다

이토록 친밀한 피의자

이서은

마지막 버튼만은 누르지 말았어야 했다

아니 그보다
하루 벌어 하루 먹고 사는 서민을 상대로
백지 수표만은 날리지 말았어야 했다

'오죽했으면'

다섯 음절로 포장하기에는
너무 비겁하다

피해자만 넘쳐나는 겨울이
뜨거운 여의도를 건너가고 있다

탄핵의 전야

별 중에 가장 빛나던 별 하나
빛난다기보단 번쩍거렸지
눈이 부신 게 아니라 눈살이 찌푸려지는

"맨날 술이냐?" 했더니
"자유란 말이야" 하며 잔을 들고
국민은 물도 아껴 마시는데
누군가는 얼음 둥둥 띄운 위스키를
매일 밤 들이키더라

"도어스테핑이요? 위험해서 안 해요"
입은 닫고 잔은 비워지고
소통은 가고
불통의 만찬이 차려졌네

경제는 어렵다며 허리띠 졸라매라더니
법인카드는 시원하게 긁고
해외 순방 가서는
"우리 부인 예쁘죠"

도둑이 제 발 저리다고
'탄핵'이란 말만 나와도 얼굴 벌게져
"그런 말 하면 안 됩니다"
하지만 이미 국민 표정이 말해주네

밤이 깊어간다
별은 떨어지고
이제 새로운 해가 떠오를 시간
잔을 내려놓고
정신을 차릴 때가 됐지

닭다리 경제학

닭다리는 누가 뜯고
소는 누가 키우나?
나는 오늘도
닭가슴살을 맡는다

껍질 바삭한 부위는
눈치 빠른 이 젓가락에
벌써 사라지고

소는 묵묵히
풀을 뜯고,
똥 치우고,
또 풀을 뜯는다

SNS엔 다들
닭다리 들고 활짝 웃지만
내 앞 감자튀김은
식어만 간다

소처럼 일하고
치킨값은 나눠 내는데
닭다리는 왜
늘 내 앞에 없을까?

이상하지 않은가?
모두 웃고 있지만
기름기 좔좔,
현실은 뻑뻑하다

손끝이 지나간 자리

장밋빛 6월이 나를 불러
하얀 종이 앞에 세웠다

나는 이름을 확인받고
조용히 접힌 칸 위에
손끝을 얹는다
잉크도 펜도 없이
한 생을 눌러 찍는다

작은 표식 하나로
누군가는 길을 만들고
누군가는 자리에서 내려온다

내가 만지지 못한 것들
정류장의 지붕,
낡은 병실의 침대,
무릎을 구부린 청년의 방세까지
잠시 내 손끝에 기대어 있다

아무 말도 하지 않았지만
나는 말했다

보이지 않는 것들이
가장 많은 것을 움직인다

그날,
그 손끝이 지나간 자리에
세상이 조금 기울었다

어느 봄날의 생일 파티

광장에 나갈 차비로 꽃을 샀다
눈망울이 사슴 같은 여배우는
꽃으로도 때리지 말라고 말했지
하지만 저들의 구두는 밑창까지
진달래 향이 배 있을지도 몰라
꿈속을 날아다니던 오리들은
불판 위에서 마지막 시위 중이다
어느 부위쯤 삼키니
3월이 갔다

달나라 여행

정라진

저녁 어스름이
깔릴 때
감나무 위에
반달이 걸렸다

꾹꾹 눌러 걷는
내 발걸음 위
하얀 달빛이 뜨겁다

붉은 그리움이
가슴 가득 차올라
너에게로 쑤욱 올라간다

설마 했지!
달까지 닿다니

첫영성체* 하는 날

신부님께서 첫영성체를 하는 세 아이에게 물었어요
"예수님과 함께 살면 어떻게 될까?"

하늘처럼 부드러운 긴 머리 위로 왕관처럼 화환을 쓴
꽃무늬 원피스를 입은 아이는, 조심스레 속삭여요
"마음이 달라져요. 뭐든 용서하는 마음을 가지게 돼요."

짙은 감색 반바지와 흰색 반팔 셔츠,
맑은 눈빛의 아이는 큰소리로 대답해요
"삶이 새롭게 빛나요. 한 번도 없던 일들이 생겨요."

잘생기고 듬직한 얼굴에 키가 큰 아이는
부모님을 향해 고개를 숙인 채, 자랑스런 미소를 지으며 말해요
"삶이 아름다워져요."라고

아이들의 순수한 고백을 들으시고
신부님께서 빙긋이 웃으며 말씀하십니다
"너 하나가 바뀌면 세상이 바뀌고
성체**를 모신다는 것은 한 번도 없었던 일,
예수님이 또 하나의 기적으로 태어나는 것이란다."

* 첫영성체 : 가톨릭 교회에서 세례를 받은 뒤 처음으로 하는 영성체, 또는 그 의식
** 성체 : 가톨릭 교회에서 성체성사를 통해 축성된 빵과 포도주를 가리키는 명칭

▶ 이기적인 슬픔

김봄서

햇볕이
아이 웃음처럼
앉았다, 갔다

엄마의 눈빛과 눈물을
꺼내 볼 차례다

완벽해진 슬픔은
노을 닮은
엄마의 걸음을 기억한다

'지랄 염병허지 이제서야'

겨운 슬픔의 오류는
결국, 엄마를 배제시키고 만다

이기적인 슬픔은
봄부터 장마질 때까지
치통처럼 찾아왔다

애도는 기술이 아니어서

봉인된 기억 속
축축이 젖은 그리움,
어제처럼 고스란히 쏟아졌다

티슈 곽 낀 채
하나씩 펼쳐 본다

보랏빛 미명쯤
나는 화장실에 가 씻었고
허름하게 묻어난 생각도
함께 버렸다

애도는
슬픔의 수선이 아니라
그 곁에 잠시 앉아 있는 일이다

그만 잠을 청해도 될 것 같았다

그러기를 보름쯤,
쌍화탕 한 병 사 마시고
내 자리로 돌아왔다

비껴 앉은 오후

연산홍과 이팝이 지고 나면
봄은 느티 고목 아래 겨우 앉는다
오후의 햇살이 비껴드는 그때,
느티 고목이 나를 향해 말을 걸어왔다
오가는 차들은 아무 말 없이 그 앞을 지나쳤다

회초리조차 만들 수 없게 휘어진 가지 사이로,
제 나르시스를 모아 놓은 듯한 자태가
피에로처럼 보여 슬펐다

한때 파란만장했던,
지금은 단물 빠진 껌처럼 씹히는 영웅담
그 이야기를 들어줄 사람처럼,
그의 그늘에 살짝 비껴 앉았다

그는 알아챈 듯,
숨을 몰아 바람을 긁어모아 나뭇가지를 흔들었다
며칠 전 비 내린 뒤,
율하천 물소리가 제법 소리다워졌다
우리는 말 없는 말을 나누었다

처음 연민은 그를 향했으나
등 뒤로 스친
누군가의 기억처럼,
그 사이 내게 돌아와 앉아 있었다
느티 우듬지 위로, 해가 천천히 지나갔다

결혼생활 어떠냐고?

오랜만에 만난 독신 친구가
결혼생활, 어떠냐고 묻는다

호기심인가,
독신 타파의 여지일까?
잠깐, 계산이 스친다

어떤 시인이
사랑은 '살을 깎는 일'이라 했다
사람마다 다르겠지만
결혼은,
산을 깎아 옮기는 일이라
답했다

친구의
귀가 궁금해졌다

가끔 무지개

구름 사이를 떠도는 것들
곧 비가 될 지 모른다
무지개가 피어오르기도 하지만
그건 꽤 기다려야 해
운도 좋아야 하고,

아무도 미안하다고 말하지 않아서
망설이다가 난,
미안한 건 미안하다고 그냥 말하기로 했어
우연히 무지개가 뜨더군, 선물처럼
삶도 그랬던 것 같아 가끔씩,
죽으라는 법은 없었지

▶ 그 잊혀진 이름들

박무릇

감나무가
꽃을 피웠습니다

잎 틈 사이
소리 없이 피었다가
흔적도 없이 지는
감꽃 하나

관찰이란
바라보는 것이 아니라
머무는 일,
숨죽여 곁에 서는 일임을

이 작은 꽃이
속삭입니다

당연히 꽃은 피는 건데
왜 나는 놀랐을까요

감꽃을 보고
놀랐다는 건
그동안
감나무를 자세히
보지 않았다는 것이지요

나는 얼마나 많은
감꽃 같은 순간을
깊이 들여다보지 못한 채
그저
스쳐 보냈을까요

무늬

가만히 누워
집 안의 것들을 하나하나 떠올려 본다
한때는 꼭 필요하다고,
없으면 안 될 것이라 여겼던 것들

지금은
있는 듯 없는 듯,
그 자리에만 머물며 말이 없다

나는 그 침묵을 등에 지고
끙끙대며 살아왔는지도 모른다
쓸모를 다한 것이 아니라,
내 마음이 바뀐 것일 수도 있겠지

무엇이 나를 이토록 쌓이게 했을까
언제부터인가 '버린다'는 일이
'잊힌다'는 것보다 더 두려워졌다

사람만이 인연이 아니구나,
내가 쥐고 놓지 못한 것들,
그 시절과 얽힌 모든 것들이
이미 내 삶의 인연이었다

그리고 지금
그 인연의 무게를 되묻는 이 시간이
가볍게, 그러나 분명히
내 삶의 다음 걸음을 부른다
묵은 것을 끌어안거나 내려놓으며
또 다른 시절의 문을 조용히 연다
그 문을 지나며, 내 안에 남겨진 무늬 하나를 살며시 어루만진다

수석을 바라보다

어제는
저녁하기 싫어
근처 식당에 들렀다

밥을 먹다
문득 벽에 진열된 수석 하나를 바라보다
나는 급랭 된 감정 속에
살아있는 것도
죽은 것도 아닌
어느 애매한 상태로 얼어붙었다

어느 누가
그것을 무생물이라 말할 수 있을까

세상의 풍화작용 속에
모든 것이 깎이고 부서지고 닳고 있는 지금,
그 작고 느린 움직임이
곧 살아 있다는 증거 아닐까

나는 생각했다
커다란 바위의 최종 목표는 무엇일까
혹시
모래알이 되는 것일까
흙으로 돌아가는 것일까

물론
그건 바위의 성질에 따라 다르겠지

하지만
장식장 속에 갇힌 그 바위만큼은
더 이상 살아 있다고 말할 수 없었다

바위도
흘러야 한다
조금씩,
서서히
깎이면서
시간과 함께 살아내야 한다고

어제
나는 그렇게
밥보다 수석에게 말을 걸었다

신호등 앞에서

가고 싶던 방향,
딱 도착했는데 파란불이 켜진다
앗싸! 세상이 나 편인 것 같고
뭔가 잘 풀릴 것 같은 예감까지

근데
노란 불이 반짝 켜지면
멈칫, 괜히 찡그린 얼굴
그깟 불빛 하나에 내 기분이 좌우되다니… 참

이토록 소소한 순간에도
희비는 출렁이고
별것 아닌 게, 마음을 쿡 찌른다

신호 하나에
다가가고 싶고
물러서고 싶고
하루에도 마음이 열두 번은 바쁘다

만약
내가 다가가고 싶은 이에게
마침 파란불이 켜졌다면
툭, 아무렇지도 않게
말을 건넸을 테지

노란 불이었다면?
괜히 핸드폰 한번 들여다보다
"아, 날씨 좋죠?" 하고 말았겠지

사람 사이란
신호 맞추기의 연속
눈빛, 말투, 한숨까지도
파란 불일까, 아직은 노란 불일까
혼자 해석하며 건너는 하루들

희비가 별거겠나
맞닿는 그 순간
마음은 슬그머니 올라갔다가
툭, 내려오기도 하니까

그래도 괜찮다
오늘은 파란 불 하나에
나도 누군가에게
툭, 말을 걸어볼까 싶어지니까

독작 獨酌

오월 한낮
꽃은 말갛게 피어 있고
뻐꾸기 울음은 잔을 흔든다

산새 소리, 바람결 따라와
술잔 옆에 자리를 잡는다

혼자 앉았으나
꽃과 바람과 새들이
조용히 함께해주는 연회

햇살은 술빛을 닮고
풀잎은 잔잔히 웃는다

달을 기다릴 것도 없이
지금 이 순간이
내게는 가장 따뜻한 벗이다

보 步

신발 끈을 묶으며
하루를 묶습니다

어제의 먼지를 털고
오늘의 길을 준비합니다

낡은 마음도 털어내고
굳은 다짐도 조여 맵니다

가벼운 발걸음으로
단단한 마음으로
다시, 걷습니다

6월은 영월!

곽지숙

중학생이었던 청년이 곧 서른이다
"쌤 변함이 없으시네요?"
"할머니가 되어가는데 무슨?"
6월 11일 정한 시간에 만나 갈치구이와 고등어조림을 먹었다
어엿한 청년의 삶을 듣자니
"우~와 기특하고 멋지고 대단하다."
오랜 인연으로 만난 영월 아이는 청년이 되었다
아름다운 청년의 삶에서 배운다

얼마 전 결혼한 새신랑에게 연락이 왔다
"소장님! 찾아뵙고 싶은데 언제가 좋으세요?"
6월 20일 정한 시간에 만나서 맛있는 제주 갈치구이를 먹었다
"맛있지?" "예, 정말 맛있네요."
새신랑을 위해 준비한 상차림에 자부심을 느끼며
계산대에 카드를 내밀었다
"센터장님이 안 좋아하실 거라 했는데… 저 청년이 계산했어요."
"쌤 저도 돈 벌어요."
상차림의 자부심은 청년에게 고마움으로 갚아야 했다

고등학생이 대학 졸업반이 되어 진로를 고민한다
"소장님! 다음 주나 그다음 주 평일에 가려고 하는데 시간 괜찮으세요?"
"6월24일 18:00까지 가겠습니다."
정한 시간에 만났고 족발+치킨을 먹었다
23:45 "노량진에 잘 도착했어요. 유익한 경험이었습니다."

그리고 6월 23일 드림이쁜영님에게 카톡이 왔다
'안부 차 연락드렸어요. 잘 지내시지요?'
반가움에 전화를 했다
우리는 또다시 7월 8일 만남을 약속했다

균형추

누군가가
삶의 걸림돌이 되어준다면
'모르는 나'와 연결할 디딤돌이니
고마워할 일이다

누군가가
삶의 고단함이 되어준다면
'또 다른 나'의 맞선 주선자니
절호의 기회이다

누군가가
삶의 균형추임을 알게 된다면
'나'와 하나인 것이니
생명의 씨앗을 품어야 한다

길 위에 서 있다

김남오

내가 걸어가야 할 길은 여러 갈래가 있다
난 오늘도 그 길을 가고 있다

운명처럼 돌고 돌아
한 번도 가 본 적 없는 길을 걸어가고 있다

길은 언제든
마음먹기에 따라 선택할 수 있지만
모든 길을 다 가 볼 수는 없다

새로운 길 위에서 다시 시작하는 아침
나는 나에게 길을 묻는다

이런 사람을 만나고 싶다

거짓으로 다가오는 사람보다
진실을 말하는 사람이 좋다

가식과 허울보다는
사람 냄새가 좋은 사람이 좋다

향기 없는 모란꽃 보다
라일락 향이 풍기는 사람이 좋다

늘 같은 마음과 새로운 생각을 주고받을 수 있는
그런 사람을 만나고 싶다

우리 동네는 까만 물이 흐른다

"우리 동네 하천은 검은색 물이 흐른다"
삼탄아트마인에 걸려 있는
시 한 편이 눈에 들어왔다

팔십 년대까지 수만 명의 광부들이
지하 이천 미터 막장에서
목숨 걸고 사투를 벌이던 삼척탄좌엔
까만 석탄 가루와 까만 탄차만 남아 있다

온 세상이 모두 까만 세상이던 시절
아이들의 눈에 비친 하천은
원래부터 까만색이었을 것이다

탄광이 문을 닫은 지 반세기가 되었지만
갱도 속엔 여전히 까만 물이 흐른다

시간을 소환하다

충절의 고장 영월,
중앙시장 입구에서 생선가게를 하는
친구를 만났다

어린 시절부터 정선아리랑을 구수하게 부르던 친구는 소풍만 가면 늘
인기 최고였다

친구 셋이 동강 변에서 물수제비를 뜨며
의형제를 결의했었다

다시 만난 친구와 어린 시절 추억을 이야기하다
나머지 한 친구에게 안부 전화를 넣었다

갑자기 오십 년의 시간이
거꾸로 흐르기 시작했다

친구, 잘 가시게

염장봉 아래 작은 우정의 집
땀 냄새는 구수하기만 한데

정처 없이 떠나는 발걸음
붙잡지도 못하고

떠나가는 길목에 꽃잎 하나 깔아 주지도 못하고

가시는 님은 서글픈 내 마음을 아는지 모르는지
심술만 부리고 있다

잘 가시게 친구,
부디 좋은 세상, 좋은 친구 만나
막걸리 한잔에 모든 시름 잊고
천년만년 행복하시게나

특집 시

제3회 영월군
어린이동시백일장 공모전 수상작

심사평　김남권 (강원아동문학회 회장)

대상
옥동초등학교 2학년 박주원 「무서운 것들」

▶ 저학년부

금상
옥동초등학교 3학년 신윤기 「내 친구 잔소리」

은상
옥동초등학교 3학년 기하람 「이사」
녹전초등학교 2학년 최서후 「숨바꼭질」

동상
녹전초등학교 3학년 장유정 「아이스크림의 종류」
녹전초등학교 2학년 김찬경 「사랑」
옥동초등학교 3학년 윤다은 「수박」
옥동초등학교 1학년 윤설아 「공부」

특별상
녹전초등학교 2학년 신다온 「즐거운 봄 소풍」
옥동초등학교 2학년 이태린 「고양이가 좋아요」
옥동초등학교 2학년 나현민 「수학」
옥동초등학교 3학년 윤서윤 「영월에서의 나의 모험」

▶ 고학년부

금상
녹전초등학교 4학년 이성민 「봄 짜장면」

은상
청룡포초등학교 5학년 김서윤 「엄마는 왜 이렇게 잘 알아?」
영월초등학교 6학년 정민송 「수박」

동상
청룡포초등학교 5학년 고민정 「얼음 땡」
녹전초등학교 5학년 유은솔 「민들레」
봉래초등학교 6학년 양은비 「여름날, 나무 아래」

특별상
녹전초등학교 4학년 김준희 「봄꽃」
봉래초등학교 6학년 김건휘 「주말」
무릉초등학교 6학년 이서영 「개나리」
청룡포초등학교 5학년 정효인 「나도 갱년기(?)」
무릉초등학교 6학년 이소연 「강아지」
신천초등학교 4학년 최강산 「별이 보이네」
청룡포초등학교 5학년 김율리 「눈 오는 날」
무릉초등학교 6학년 임종원 「미세먼지」
녹전초등학교 6학년 정해림 「시끌벅적한 6학년」
봉래초등학교 6학년 이지후 「예쁜 계절」
무릉초등학교 5학년 정예서 「기다린 겨울」
청룡포초등학교 6학년 김유경 「자연」
청룡포초등학교 5학년 오리오 「가족」
청룡포초등학교 5학년 박현수 「귀신보다 무서운 것」

[심사평]

동심 속에 담긴 세상에 대한 깨달음

올해로 세 번째 맞이하는 영월군어린이 동시백일장 공모전은 해를 거듭할수록 참가 학생들의 규모도 늘어나고 작품의 수준도 높아지고 있다. 특히 올해는 대상 작품과 금상 작품이 우열을 가리기 힘들 만큼 심사에서 어려움을 겪었다. 달빛문학회에서는 최문규 회장과 이달 시인, 노재필 시인이 예심을 맡아 수고해 주었고, 강원아동문학회 김보람 사무국장과 유인자, 엄은희 사무차장께서 객원 심사위원으로 참여하여 결선 작품들을 꼼꼼하게 살펴주셨다.

올해는 영월관내 9개 학교에서 60여 명의 어린이들이 70여 편의 작품을 출품하여 기량을 과시했다. 대상을 수상한 옥동초등학교 2학년 박주원 어린이의 「무서운 것들」이란 작품을 비롯해 저학년부 금상 옥동초등학교 3학년 신윤기 어린이의 「내 친구 잔소리」나 고학년부 금상 수상작 녹전초등학교 4학년 「봄 짜장면」 등은 어른들이 흉내내기 힘든 어린이들만의 맑고 순수한 정서가 녹아 있고 재미와 감동, 기쁨이 있는 동시라고 할 것이다.

이와 같은 백일장 공모전을 통해서 어린이들의 상상력이 자라나고 어린 시절의 소중한 꿈이 어른이 되기까지 이어져서 착하고 아름다운 영혼으로 성장하는 밑거름이 되기를 간절히 소망한다.

강원아동문학회 회장 김남권

대상

무서운 것들

옥동초등학교 2학년 박주원

지각은 참 무서워
아빠도 참 무서워
엄마는 더더더 무서워
거짓말은 완전 무서워
공부는 아주 아주 아주 조금 무서워
벌레도, 깊은 물도, 상어도 무서워
난 왜 이렇게 무서운 게 많을까?

저학년부

금 상

내 친구 잔소리

옥동초등학교 3학년 신윤기

잔소리
어쩌고저쩌고 잔소리
뭐라는지 모르는 잔소리
내 친구 잔소리
나만 따라오는 내 친구 잔소리

뭐라는지는 모르지만 내 옆에 있는
잔소리
어쩌고저쩌고 잔소리
나만 따라오는 내 친구

잔소리야! 오늘만 나에게 떨어져 줘!

은상

이사

옥동초등학교 3학년 기하람

나는 이사를 간다
이사를 가면 슬프다

나는 이사를 간다
이사를 가면 전학을 가야 해서 슬프다

나는 이사를 간다
이사를 가면 지금의 친구들을 못 만나서 슬프다

이사를 가면
새로운 친구들을 만나는 것이 겁이 난다

이사를 가면
영월의 산이 보고 싶겠지?

이사를 가면

영월의 강이 보고 싶겠지?

이사를 가면

영월의 친구들이 보고 싶겠지?

이사를 가면

영월이 그리웁겠지?

숨바꼭질

녹전초등학교 2학년 최서후

1, 2, 3, 4, 5, 6, 7, 8, 9, 10
이제 찾아야 한다
도서관에 한 명,
무대 뒤에 한 명,
화장실에 한 명,
다 찾았다
다음 술래는 누구게?
12345678910

아이스크림의 종류

녹전초등학교 3학년 장유정

내 동생은 수박바만 먹는다
언니는 월드콘만 먹는다
나는 다 먹는데
언니랑 동생은
다 정해져 있다
메로나 스크류바 쌍쌍바 죠스바 등
아이스크림의 종류는 많은데
왜 한 가지만 먹는지 모르겠다

사랑

녹전초등학교 2학년 김찬경

사랑은 왜 떠나지 않을까
두근두근 두근두근
수업 시간에도 두근두근
사랑은 떠나지 않는다

수박

옥동초등학교 3학년 윤다은

바다에 가면 수박 먹지
수박을 쪼개면 다섯 조각
한 입 먹으면 맛있고
두 입 먹으면 시원하고
세 입 먹으면 더위가 없어지고
네 입 먹으면 아~
다섯 입 먹으면 "엇? 다 먹었네?"
수박을 다 먹어 버렸네

공부

옥동초등학교 1학년 윤설아

공부는
왜
해야 되는 걸까?

공부는
힘들어

나는 공부하기가 싫은데
엄마는 자꾸 공부를 하라고 하신다

나는 놀고 싶다

특별상

즐거운 봄 소풍

녹전초등학교 2학년 신다온

야호 즐거운 소풍 가는 날
나는 너무너무 들떴다
엄마 아빠한테 빨리 가자고 졸라서
결국 봄 소풍을 빨리 갔다

동생이랑 신나게 뛰어놀았다
점심을 맛있게 먹고
즐거운 소풍을 마쳤다

고양이가 좋아요

옥동초등학교 2학년 이태린

고양이가 좋아요
털도 복슬복슬
귀는 쫑긋!
발바닥은 말랑말랑
밥 먹을 땐 냠냠
고양이가 좋아요

수학

옥동초등학교 2학년 나현민

아 이거 답이 뭐였지?
아 진짜 알았는데

어려운 문제만 봐도 머리가 빙글빙글 돌아
하지만 재밌어 왜냐고?
풀면 기분이 날아갈 듯 기쁘니까

영월에서의 나의 모험

옥동초등학교 3학년 윤서윤

영월 숲속을 뛰어가며
"어디로 갈까? 모험은?"
나무를 타고, 바람을 타고
모든 게 신나는 나의 모험!

강을 건너, 물속에 발을 담그며
"차가워! 그래도 신나!"
돌 위를 뛰어넘어
"이제는 슈퍼 히어로"

장릉 앞에서 바람을 맞으며
"이곳도 내 모험지"
별빛이 반짝일 때마다
나는 또 다른 모험을 떠나!

나의 최고 모험지 영월

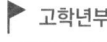

봄 짜장면

녹전초등학교 4학년 이성민

짜장면 짜장면 봄 짜장면
벚꽃 보고 먹으면 더 맛있어요

군만두 군만두 봄 군만두
봄 풍경 보고 먹으면 더 바삭하지요

엄마 왜 이렇게 잘 알아?

청령포초등학교 5학년 김서윤

엄마는 모든 걸 안다
내가 간식 언 먹었다고 거짓말해도
어쩔 수 없다
엄마는 다 안다
그러다 내 시험 점수까지 알까 봐 무섭다

수박

영월초등학교 6학년 정민송

딱딱한 껍질로 말들을 튕겨내
상처받지 않고,
검은 줄무늬처럼
물 흐르듯 신경 쓰지 않을 것 같지만
사실은 얼마나 울었는지
얼굴은 빨갛고,
얼마나 상처받았는지
피눈물이 쏟아져 나오고 있었다

오늘도 딱딱한 줄무늬 껍질로 물 흐르듯 살아간다

동상

얼음 땡

청령포초등학교 5학년 고민정

가위 바위 보
술래가 정해졌다

잡히지 않으려고 도망칠 땐
토끼가 된다

도망치다 잡혀 술래가 됐다

친구를 잡으러 가면
"얼음"

다른 친구를 잡으러 가면
뒤에서 들여오는
"땡!"

왔다 갔다 하다 보면
거북이가 된다

민들레

녹전초등학교 5학년 유은솔

누군가 나를 짓밟아도 괜찮아

누군가 나를 저 멀리 던져놔도 괜찮아

누군가 나를 후~ 불어 날아가게 해도 괜찮아

나는 더 좋은 곳으로 날아가 새로운 꽃을 피우면 되니까

여름날, 나무 아래

봉래초등학교 6학년 양은비

햇살 쏟아지는 날
초록 나무는
말없이 그늘을 드리운다

잎 사이로
작은 바람이 스치고
햇살 조각들이 살며시 내려앉는다

매미 소리 가득한 여름 속에서도
그 나무 아래에선
잠시 세상이 조용해진다

뜨거웠던 마음도 그늘처럼
천천히 차분해진다

봄꽃

녹전초등학교 4학년 김준희

핑크빛 나는 어여쁜 벚꽃잎들이
흔들흔들 바람을 따라서 흘러간다
핑크빛 나는 벚꽃잎들은 가고 싶은데 가고

노란빛 나는 어여쁜 개나리들은
흔들흔들 바람을 따라서 춤을 춘다
노란빛 나는 개나리들은 신나서 춤을 추고

보랏빛 나는 어여쁜 제비꽃은
이파리들과 들썩들썩 리듬을 탄다
보랏빛 나는 제비꽃은 이파리들과 리듬을 타고
모든 꽃들은 추운 겨울을 버텨 예쁜 꽃들을 피워냈다

주말

봉래초등학교 6학년 김건훤

밥 먹고 숙제했더니 오후 3시
우왓! 주말은 번개처럼 빠르다

친구와 신나게 놀았더니 오후 5시
휴~ 주말은 휴대전화처럼 시간 가는 줄 모르게 재미있다

뒹굴뒹굴 책을 읽었더니 오후 7시
아~ 주말은 봉지 속 과자부스러기처럼 아직 남았다

개나리

무릉초등학교 6학년 이서영

바나나 같은 개나리
노란 개나리
하늘 같은 개나리
예쁜 개나리
노란 옷 같은 개나리
빨랫줄에 걸린 노란 옷
노란 개나리 꿀벌 친구 기다리네
언제 오나?
예쁜 개나리 잠을 자네
그 사이 꿀벌 친구 왔다 가네
혼자 남은 개나리 바람에 흔들리네
노란 옷처럼

나도 갱년기(?)

청령포초등학교 5학년 정효인

오늘 아침에
머리가 떡이 져서
엄마한테
"엄마 나 머리 좀 묶어 줘"라고 했다
그런데 엄마가
"네가 알아서 묶어"라고 했다
너무 짜증이 났다

나도 갱년기인 건가?

강아지

무릉초등학교 6학년 이소연

강아지는 활발한 아이 같아

산책하면 막 좋아하니까

강아지는 팝콘 같아

발바닥에서 구수한 냄새가 나니까

강아지는 핫팩 같아

만지면 따뜻하니까

강아지는 솜사탕 같아

눈이 마주치면 귀여워서 녹아내릴 것 같으니까

별이 보이네

신천초등학교 4학년 최강산

눈을 감았다
별이 보인다
초록색 노란색 빨간색
반짝반짝
눈을 떴다
별이 사라졌다
다시 눈을 감았다
다시 별이 보인다
나는 꿈나라로 간다

눈 오는 날

청령포초등학교 5학년 김율리

나는 눈 오는 날이 좋다
어떤 날은 친구와 눈 가지고 놀다가
버스를 놓친 적도 있다
나는 친구들과 눈싸움하는 것도
눈사람 만드는 것도 너무 좋다
작년에는 엄청 큰 눈사람을 만들었다
누가 뿌실까 봐 걱정도 많이 되었다
밖에서 눈이 내리는 하늘을 보고 있으면
마치 내가 스노우볼 안에 있는 것 같다
그래서 나는 눈 오는 날이 좋다

미세먼지

무릉초등학교 6학년 임종원

미세먼지는 꽃가루 같다
멀리멀리 바람 타고 날아다니니까

미세먼지는 바이러스 같다
친구처럼 내 몸속에서 같이 놀거니까

미세먼지는 숙제같다
계속 계속 나와 만나니까

미세먼지, 이제 그만 만나자!

시끌벅적한 6학년

녹전초등학교 6학년 정해림

시끌벅적한 6학년은 7명이 있다
많이 웃고, 많이 활발한 나
우리 반을 잘 케어하는 수아
우리 반에게 웃음을 주는 정현
심하게 놀아서 많이 다치는 지원
이상한 얘기를 하는 예준
남자아이들과 시끄럽게 떠드는 영환
소리를 많이 지르는 성윤
매일 시끄러운 6학년

예쁜 계절

봉래초등학교 6학년 이지후

예쁜 계절 가을
파랑 도화지를 꺼내
빨강 노랑 물감비를 뿌려본다

예쁜 계절 겨울
코끝 찡한 차가운 바람에
포근한 눈송이를 덮어본다

예쁜 계절 봄
겨울 동안 쓸쓸했던 나무
분홍빛 팝콘 가득 담아 만나러 간다

예쁜 계절 여름
초록색 산 위에 올라
바다 가득 푸른 바람 불러본다

기다린 겨울

무릉초등학교 5학년 정예원

잠에서 깨어 내다본 창문 너머
새하얀 세상이 나를 반기네

집 안에서 보는 창문 너머는
고요하고 예쁘기만 하네

코끝이 시리도록 추운 날씨에
뽀득뽀득 눈 밟는 소리,
꺄르륵 아이들 웃음소리,
여기저기 만들어진 꼬마 눈사람들

잠깐의 겨울을 힘껏 즐기는 우리들
다시 돌아올 겨울이지만
지금의 기억으로 또다시 기다릴 계절
겨울…

자연

청령포초등학교 6학년 김유경

우리 반에 아주 큰 소동이 일어났다
우루루 쾅쾅 천둥처럼 들리는 선생님의 목소리
비를 맞아 축 처져있는 풀잎처럼
숙여져 있는 고개
번쩍번쩍 번개처럼 무서운 선생님의 눈초리
비가 흐르는 것처럼 한쪽 귀로 듣고
한쪽 귀로 흘리는 우리
이리저리 돌아다니는 바람처럼 어쩔 줄 몰라 하는
우리들의 눈처럼
우리가 혼나는 모습이 자연이랑 비슷하다

가족

청령포초등학교 5학년 오리오

나와 동생을 위해 돈을 버는

아빠와 엄마

우리를 잘 챙겨 주는 엄마 아빠

파마머리 할머니

우리한테 맛있는 걸 해주는 우리 삼촌

나를 잘 놀아주는 동생

나는 가족이 없었으면 나도 없어서

나는 가족이 있다는 것만으로도 고마운 가족

귀신보다 무서운 것

청령포초등학교 5학년 박현수

나는 날마다 귀신과 함께한다
내 눈에 빛을 비추며 괴롭히는
햇빛이라는 귀신
시끄러운 소리로 나를 깨우는
엄마라는 귀신
나에게 징징대며 내 기운을
빨아 먹는 동생이란 귀신도 있지만
모든 귀신을 조종하는 것은
아침이란 대 악마다

달빛문학회 연혁

2017년 3월 3일	달빛문학회 창립 초대회장 최문규 취임
	'나도 작가' 글쓰기 제1기 과정 개강
	최문규, 김봄서, 조인진, 곽명자, 이승연, 이현정, 이서은, 원소윤,
	원정원, 최바하, 지도 강사 김남권
2018년 2월 25일	달빛문학회 제1집 『딸 부잣집 녹턴 소통법』 출판기념회
2018년 9월 4일	달빛문학회 제2집 『백석의 눈을 맞추다』 출판기념회
2019년 3월 1일	김봄서 - 계간 문예감성 등단
2019년 9월 7일	달빛문학회 제3집 『얼음 판화』 출판기념회
2019년 10월 14일	김봄서 - 계간 문예감성 등단
	첫 시집 『별의 이마를 짚다』 출판기념회
2019년 11월 24일	문학기행 - 정지용문학관, 진안 마이산
2019년 12월 27일	박무릇 - 첫 시집 『꽃등』 출판기념회
2020년 6월 22일	문학기행 - 한용운 생가 문학관, 당진문학관, 보령
2020년 7월 27일	이서은 - 첫 시집 『잘 구워진 벽』 출판기념회
2020년 10월 30일	달빛문학회 제4집 『혜어 붓 칠 당하다』 출판기념회
2021년 5월 10일	작가와의 만남 - 이생진 시인
2021년 5월 21일	이서은 - 제2 시집 『피노키오 기상청』
	(강원문화재단 생애 최초 지원) 출간
2021년 5월 24일	작가와의 만남 - 공광규 시인

2021년 8월 16일	김봄서 - 제2 시집 『벚꽃 기념일 습격 사건』 출간
2021년 9월 24일	달빛문학회 제5집 『보라색 별』 출판기념회
2021년 11월 3일	박소름 - 첫 시집 『유문동 가는 길』 출판기념회
2021년 12월 24일	김봄서 - 디카시집 『하늘 매표소』(강원문학재단 창작지원금) 출간
2022년 4월 26일	작가와의 만남 - 이상국 시인
2022년 5월 21일	문학기행 - 김유정 문학촌, 만해기념관, 허균 허난설헌 기념관
2022년 7월 23일	강나루 - 첫 시집 『쿤타킨테라 불리운 소년』 출판기념회
2022년 9월 24일	달빛문학회 제6집 『마음을 파는 가게』 출판기념회
2022년 12월 17일	이정표 - 첫 시집 『38국도』 출판기념회(정선교육도서관)
2023년 5월 20일	작가와의 만남 - 김효은 시인(영월문화예술회관 소회의실)
2023년 6월 10일	작가와의 만남 - 손택수 시인(영월문화예술회관 소회의실)
2023년 7월 3일	강나루 - 제2 시집 『그 달을 훔쳐 보다』 출판기념회 (강원문화재단 예술 첫걸음 창작지원금)
2023년 7월 15일	문학기행 - 권정생의 집, 권정생의 동화나라, 이육사문학관, 하회마을
2023년 8월 24일	이서은 - 제3 시집 『발자국 공작소』 출판기념회 (원주문화재단 창작지원금)
2023년 8월 26일	김노을 - 첫 시집 『바람의 까닭』 출판기념회 (강원문화재단 첫걸음 창작지원금, 원주시립중앙도서관)

2023년 9월 14일	제1회 영월어린이동시백일장 공모전 시상식	
2023년 9월 23일	달빛문학회 제7집 『멈춰버린 주파수』 출판기념회	
	(영월문화예술회관 소회의실)	
2023년 12월 1일	윤슬 – 계간 사이펀 등단	
2023년 12월 5일	엄현국 – 계간 연인 등단	
2023년 12월 9일	달무리동인회 제2집 『시지프처럼 살았다』 출판기념회	
	(원주 남산골 문화센터)	
2023년 12월 15일	엄선미 – 한용운문학상 수필부문 신인문학상 수상	
2024년 3월 1일	한상대 – 계간 연인 시 부문 신인문학상 수상	
2024년 3월 4일	김파란, 박여롬, 정든역 – 제10회 강원시조 신인문학상 수상	
2024년 3월 5일	이달 – 계간 시와징후 등단	
2024년 3월 16일	한상대 – 첫 시집 『벼름빡 아고라』 출판기념회	
2024년 4월 26일	박소름 – 제2 시집 『달의 눈물』 출판기념회	
2024년 4월 27일	작가와의 만남 – 이홍섭 시인(달무리동인회)	
2024년 5월 20일	문학기행 – 부여 부소산성, 낙화암, 궁남지, 신동엽문학관,	
	공주 무령왕릉	
2024년 6월 22일	이달 – 첫 시집 『리라의 약속』 출판기념회	
2024년 7월 29일	이서은 – 디카시집 『카톡의 부활』 출판기념회	
2024년 8월 24일	정든역 – 첫 시집 『꽃 피는 봄날』 출판기념회	

2024년 8월 30일	원주시민과 함께하는 나비의 날개 시낭송 콘서트	
2024년 8월 31일	이정표 - 제2 시집 『정선역 가는 길』 출판기념회(거창)	
2024년 9월 27일	이서은 - 제4 시집 『그 혀는 넣어주세요』 출판기념회	
2024년 10월 5일	달빛문학회 제8집 『지상의 시간이 끝날 때까지』 출판기념회	
	제2회 영월군어린이동시백일장 시상식	
2024년 11월 5일	문학기행 - 박인환문학관, 시집 박물관(비원문학회 공동)	
2024년 11월 9일	김파란 - 첫 시집 『헤어(Hehr)질 결심』 출판기념회	
2024년 12월 28일	박여롬 - 첫 시집 『비트는 꽃이다』 출판기념회	
2025년 2월 27일	최바하 - 계간 시와소금 신인문학상 당선 기념회	
2025년 2월 28일	김파란, 한상대, 박여롬, 이서은 - 강원, 원주문화재단 창작기금 선정	
2025년 3월 1일	김설 - 계간 연인 등단	
2025년 4월 5일	최바하 - 첫 시집 『거꾸로 자라는 버튼』 출판기념회	
	(원주시립중앙도서관)	
2025년 5월 17일	작가와의 만남 - 김고니 시인	
2025년 6월 23일	김설, 노재필 - 강원아동문학 신인작가상 수상	
2025년 7월 12일	김남권 - 그림책 『바위 소년』 출판기념회(원주시립중앙도서관)	
2025년 7월 28일	만항재 『천상의 화원』 시낭송회	
2025년 8월 23일	제2회 나비의 날개 원주시민 시낭송 콘서트	
2025년 8월 30일	노재필 - 첫 시집 『저녁에 떠나는 버스』 출판기념회